«Te levantaste mucho más deprisa de lo que caíste, ese es el valor de lo que aquí está escrito.»

FERNANDO ALONSO, piloto de Fórmula 1

«María es una persona que te puede llevar a engaño. Detrás de esa sonrisa inocente se esconde una mujer con una determinación inigualable, una fuerte disciplina y una capacidad para trabajar brutal. La gente opina que el accidente la ha cambiado, la ha hecho todavía mejor. Es mentira. Lo único que ha pasado es que ahora la conocen más. María siempre ha sido una máquina que no se detiene ante nada porque nada es un problema para ella. No sé a vosotros, pero a mí siempre me convence con su sonrisa.»

PEDRO DE LA ROSA, piloto de Fórmula 1

«Tuve el placer de hacer equipo contigo en el Trofeo Maserati como soporte del GP de España de F1 del año 2005. Disfruté mucho compartiendo coche contigo, vi que eres extremadamente competitiva, rápida y con una gran determinación. Es una de las carreras de las que tengo mejor recuerdo.»

MARC GENÉ, piloto de Fórmula 1

«Querida María: siempre has sido un ejemplo por tu tesón y empeño en llegar a lo más alto, tienes toda mi admiración. Pero nos has sorprendido aún más con tu valentía y fortaleza, al superar esta prueba que el destino ha querido ponerte en tu camino.

Gracias por tu ejemplo y estoy muy orgulloso de encontrarme entre tus amigos.»

CARLOS SAINZ, piloto de automovilismo

«Ser capaz de transformar una tragedia personal en energía positiva y llegar a estar más radiante que antes requiere de un increíble espíritu que merece respeto y admiración. María es un ejemplo maravilloso para todos nosotros y realmente es un privilegio para mí conocerla.»

MICHÈLE MOUTON, presidenta de la Women
in Motorsport Commission de la FIA

«Volver a ganar. Siempre he creído que todos aprendemos cada día, y nunca dejamos de hacerlo hasta el día en que dejemos este mundo. Mi propia experiencia con María me ha enseñado que en la vida tener menos o tener más no es ninguna ventaja o ningún obstáculo, sino que tengamos lo que tengamos estamos destinados a luchar como súper hombres para llenar nuestro estado de felicidad. Soy fan de María de Villota antes y después del accidente, porque ella nos ha dado una clase magistral de lucha, de sufrimiento y de trabajo en cualquier momento de su vida. Una carrera profesional en el automovilismo y un accidente son solo hechos para una ganadora de su vida que con más o con menos siempre intentará volver a ganar.»

JAIME ALGUERSUARI, piloto de Fórmula 1

«Tantos años dejándose la piel para conseguir una décima de segundo y en una décima estuvo a punto de perderlo todo. No sabía el destino que María estaba acostumbrada a ir siempre contracorriente y se burló de él. Ahora su vida ya no se mide en milésimas, se mide en sonrisas, las suyas y las que deja a su alrededor.»

ANTONIO LOBATO, periodista, director de las retransmisiones de Fórmula 1 en Antena 3 TV

«María de Villota es un ejemplo de cómo un ser humano en momentos de tremenda dificultad puede hacer aflorar una valentía, una fuerza y una grandeza que a todos nos conmueve. María nos inspira a creer en nuestro verdadero potencial y en nuestra capacidad para hacer frente con éxito a los desafíos que la vida nos presenta.»

DR. MARIO ALONSO PUIG, cirujano general y del aparato digestivo y autor de *Reinventarse*

«Querida María, desde la cercanía en la que nos han puesto las lesiones, no puedo sino darte mi enhorabuena por el ejemplo de madurez y superación que nos has dado a todos durante este tiempo que has pasado en "boxes". Ahí también se ganan carreras y está claro que tú estás ahora mismo en la "pole" para ganar la carrera de tu propia vida. Gracias, tienes todo nuestro apoyo.»

JUAN JOSÉ PADILLA, torero

La vida es un regalo

La vida es un regalo

María de Villota

Plataforma Editorial

Primera edición en esta colección: octubre de 2013

Plataforma Editorial
c/ Muntaner, 269, entlo. 1ª – 08021 Barcelona
Tel.: (+34) 93 494 79 99 – Fax: (+34) 93 419 23 14
www.plataformaeditorial.com
info@plataformaeditorial.com

Depósito legal: B-20.481-2013
ISBN: 978-84-15880-39-4
IBIC: BGA

Printed in Spain – Impreso en España

Foto de la portada:
Iria Martínez

Diseño de cubierta y fotocomposición:
Grafime

El papel que se ha utilizado para imprimir este libro proviene
de explotaciones forestales controladas, donde se respetan
los valores ecológicos, sociales y el desarrollo sostenible del bosque.

Impresión:
Romanyà-Valls
Capellades (Barcelona)

Y un día te das cuenta de que vivías dormido, pasabas a ciegas y sentías a medias. Si un accidente no ha parado en seco tu vida, vive soñando, pasea observando y ama apostando. Si un accidente ha parado por un momento tu vida, sabes de lo que estamos hablando. Este libro es para vosotros.

Yo era piloto. Corría mucho, a gran velocidad. Tan rápido que apenas calaban en mí las gotas de las miserias de la vida. Y no porque no las tuviese cerca, sino porque solo quería correr, avanzar, lograr ese objetivo, cumplir mi sueño. Y entonces no ves, no miras, tu corazón apenas siente porque no le das tiempo tras las capas que has forjado en tu vida y que te hacen más fuerte, más ciego, más torpe e inerte.

Tener un accidente en el que pende tu vida puede ser algo terrible, pero, si logras salvarte para poder vivir dignamente, puede ser un regalo tan grande como devolverte a la niñez, quitarte años de encima y la armadura, redirigir la vista hacia el alma y volver a sentir como si acabaras de nacer. Y es así, porque acabas de nacer.

Y lloras más, sí, te vuelves agradecidamente débil, aunque a veces duele tanto que te gustaría volver a correr, pero no pienso dejar de lado a los que ahora gritan en silencio por mi ayuda. Porque no muchos les oyen, como yo antes; pero ahora, desde que yo fui uno de ellos, no puedo ni quiero quitar este dolor y solo deseo ser mejor, y doy gracias por poder sentirles. A enfermos y sanos.

Índice

Introducción

Si tengo la oportunidad de compartir con vosotros parte de mi historia en este libro es por ser una mujer muy cabezota. Dejadme que me ría de esta broma macabra, ya que gracias a esta cabeza dura que tengo pude salvar mi vida, pero más todavía por la cantidad de veces que escuché durante mi niñez, y ya no tan pequeña, aquello de: «¡Mira que eres cabezota, hija mía!». Y menos mal que tenían toda la razón.

Quiero escribir este libro porque tengo un mensaje importante que daros. Y también porque, egoístamente, no quiero olvidar nunca los momentos que me ha dado este accidente. No es tremendo ni morboso: es como la vida; increíble, sorprendente, dura, bonita...Que te regala un momento tan al límite, tan aquí y allá, con una línea tan delgada que no sabes en qué lado estás. Sí, amigos, te regala volver a sentir su pulso como si te acabasen de parir. Te regala sentir cada latido como el primero y vivir más despierto, más alegre, con más sentido, más consciente.

Pero esta noche no me he levantado de la cama para contaros esto. Me he levantado de la cama porque, como muchas otras noches, siento un dolor en el pecho que no calman mis medicinas. A lo largo de este día, como de tantos otros, vivo, leo, siento desgracias que, sean o no de personas que conozco, me agitan de una forma brutal y me desvelan. Son historias de otros que antes de mi accidente también estaban ahí pero que yo solo veía de pasada, como si estuvieran encerradas tras un escaparate y a mí no me llegasen. Ahora siento sus tristezas casi como mías, y siento un dolor amargo, pero sano, cuando intento descansar y dejar mi mente en blanco.

Entonces es cuando intento concentrarme en el ritmo del pecho de Rodrigo, que coge el sueño dulcemente, para intentar calmar mi respiración y dormir. Pero hay días que es imposible, mi cabeza no quiere.

Y pensaréis: «¡Qué duro debe de ser!», y si no lo pensáis, os lo digo yo. Lo es, porque ahora estoy en la piel de todos los enfermos que comparten conmigo su sufrimiento, y además les siento y les respeto tanto que de ellos ya he hecho mi nuevo equipo: la Escudería de Enfermos Valientes. Es un Campeonato del Mundo que no cuenta con la competitividad de los que existen, pero que es genuino y asombroso y del que se aprenden las mejores lecciones de la vida.

Qué pena que las palabras no nos hagan justicia: enfermos, tuertos, tullidos... Yo diría: luchadores, fuertes, valientes...

Pero lo mejor de mi Equipo es que somos seres especiales porque tenemos la capacidad de parar el tiempo, de sentir cada latido como el primero, y de ver más con un solo ojo y sonreír aunque nuestro problema pueda ser mayor que el mayor de los problemas. Y lo mejor: sentir la empatía de toda la «planta», porque allí, sí, todos somos iguales: enfermos antes y de ahora en adelante, valientes y elegidos por el destino.

Y desde aquí nos conectamos con el resto de vosotros que estáis sanos pero que quizá tenéis vuestro propio accidente –desahucio, bancarrota, divorcio, tristeza insuperable– para deciros que somos más fuertes de lo que pensamos, que si nosotros podemos ganar la carrera a la vida y seguir en la pista, vosotros también podéis. Estamos juntos en este empeño.

Algunos dicen que estoy tan sensible porque mi accidente es aún muy reciente. Apenas ha pasado un año... Pero por eso precisamente escribo este libro ahora, porque no quiero que el tiempo borre cómo siento, veo y pienso en este momento. Porque no quiero que este dolor y esta alegría de vivir se pasen como pasa todo en la vida. No, este accidente no se puede pasar. No quiero que se decolore.

El mensaje tan importante que quiero contaros y que creo que no solo lo he vivido yo, sino también amigos que han pasado situaciones parecidas en sus vidas, es que hasta cuando te estás muriendo puedes decidir si sigues luchando o abandonas el barco. Yo no vi un túnel, ni una luz. Soy creyente, pero no vi a nadie que me dijera nada. Sin embargo, estaba peleando en aquella sala de quirófano hasta sentir una fatiga indescriptible. Y sí, decidí seguir luchando. No es fácil porque no sabes que estás batallando por vivir, ¡qué va!, mi cerebro *me soñó en otra realidad.* Pero ¿sabéis qué?, ese sueño era mi vida, quien yo soy, y tenía la certeza de que la gente que quiero estaba conmigo. Siento mucho respeto al decir esto, no estoy diciendo que alguien que se fue pudo quedarse, no; solo digo que yo podría haberme ido, que siento que podría haber abandonado, pero mi esencia, mi alma, decidió seguir combatiendo.

Así que no solo vivir es decidir. Yo diría, desde mi vivencia, que morir hasta cierto punto también es decidir.

Este libro es para mí un grito a la vida, porque, como os he dicho, siento que tengo la cabeza de un adulto con la sensibilidad de un niño. Ahora no me gusta ver la violencia en las películas, me impacta más que antes, valoro mucho más una mirada que un diamante, rezo cada noche por los que han sufrido como yo y no se sienten fuertes, y siento que la vida es un ratito, un regalo, que no hay que tomársela muy en serio porque ni siquiera nuestra vida es nuestra. Somos tan pequeños...

Así que, con toda esta mezcla en mi motor, voy a hacer explotar mi historia, y espero que mi gasolina os sirva de combustible también a vosotros. Deseo que, sin pasar por un accidente como el mío, podáis sentir la alegría de estar vivos y disfrutar del regalo de la vida.

El accidente

Hospital de Addenbrooke,
Inglaterra, 3 de julio de 2012

Soñar nos hace vivir

Siento que necesito silencio. Descansar. Quiero que paren, que terminen. Pido sin palabras que me dejen en paz.

Aunque no se escuchan ruidos alrededor, siento que mi cabeza retumba y no tiene reposo. Es como si todas las neuronas de mi cerebro estuvieran trabajando al límite, y esto me produce una sensación de fatiga que nunca antes había sentido con tanta intensidad.

Estoy agotada, pero sé que tengo que esforzarme, darlo todo, seguir. No puedo desfallecer, ahora no, porque estoy realizando la prueba definitiva de mi vida profesional: me estoy sometiendo al Test Mental de Fórmula 1 que realiza la FIA.[1]

1. FIA: Federación Internacional de Automovilismo.

Han sido muchos años de trabajo para lograr mi sueño y soy consciente de que después de esta pesadilla, por fin, no solo voy a poder demostrar mi valía y ocupar mi sitio en la Fórmula 1, sino que también quedaré acreditada oficialmente como piloto con la Insignia que concede la FIA.

No puedo más, estoy tumbada con la cabeza llena de sensores y con las piernas enganchadas a unas «serpientes» que quieren enredarme. Es parte de la Prueba y tengo que esquivarlas con los pies como si fueran un reflejo hacia el acelerador y el freno, mientras mi cabeza sigue dándoles toda la información que necesitan...

«María, es la primera vez que hacemos el Test Mental de Fórmula 1 a una mujer. Tenemos muchos datos de cómo funciona el cerebro de un hombre en la Fórmula 1, pero no el de una mujer. Necesitamos que aguantes todo lo que puedas.»

Me encuentro muy cansada, llevo ya unas cuantas horas, pero estoy dispuesta a dejarme el alma en este examen, el definitivo. Me dicen que Lewis Hamilton ha sido el último en hacerlo y que ha estado ocho horas. Tengo que superarle, o por lo menos aguantar las mismas ocho interminables horas.

Estoy en una sala de la FIA de color azul oscuro y todos pasan a mi lado con carpetas, tomando apuntes, pero no me miran, como si su trabajo no debiera interferir con el mío. No recuerdo cómo he llegado hasta aquí, solo sé que he venido en un avión médico en el que han controlado mis constantes vitales antes de empezar la Prueba para que no se perdiera ninguna información. Muy de Fórmula 1, máximo control. Sé que Rodrigo, mi novio, también se encontraba en el avión, pero actuaba como si fuese un médico hablando de mi estado físico y sin dirigirse a mí.

Pasan las horas y acumulo más y más sufrimiento. Siento que lo quiero dejar, que necesito descansar, que no puedo seguir, me cuesta respirar, nunca he sentido un cansancio parecido, es como si se me fuera la vida, cada aliento es un triunfo. Estoy en mi límite y he ido mucho más allá de lo que nunca pensé que aguantaría, pero soy incapaz de decirles que abandono.

La voz de una mujer de la FIA me dice: «¡Vamos María, vamos!». Es la única que se dirige a mí. Pienso que, como es mujer, quiere que pase esta Prueba, pero me siento al final de mis fuerzas. Me sigue animando, y ya siento hasta rabia hacia ella porque no se imagina el esfuerzo que me está costando superar este Test.

Pienso en decir: «¡Ya!, apagad ya todo, dejad mi cabeza en paz, quitad esas cuerdas de mis piernas, no voy a aguantar más!».

Entonces, cuando estoy a punto de rendirme, noto unos martillazos en mi cabeza, como si me estuvieran poniendo un clavo. «¡Basta ya! ¡Parad!», pero los técnicos me dicen: «María, has superado la Prueba, te vamos a poner la Insignia en tu cabeza, como un microchip, nadie la verá, es pequeña, pero todos los pilotos de Fórmula 1 la llevan sin que nadie lo sepa». «Si es así, entonces está bien», y me dejo rematar. Al segundo martillazo me enfado, y me dicen: «Como has aguantado más de ocho horas, te corresponden dos Insignias»... ¿Cómo iba a rechazarlo?

Postrada en la Sala de Experimentación, siento que me he dejado la vida para pasar la Prueba y vomito del cansancio; creo que como vomite otra vez me muero, literalmente, no puedo más, qué dolor tan profundo. No tengo ya fuerzas ni para moverme, me pesa respirar y me entran ganas de hacer pis, pero no puedo hacerlo delante de todos los inspectores de la FIA; además, no tengo fuerzas para incorporarme, y menos para irme. Me dicen: «Haz pis», y pienso: «¡¿Cómo voy a hacérmelo encima, delante de esta gente?!». Me aguanto. ¡Quiero salir de aquí! He pasado la Prueba y solo deseo reunirme con mi familia. Sé que ellos están esperándome al otro lado del cristal. Quiero irme ya de este examen maldito. Así que me hago pis encima, con vergüenza, y me sacan de allí.

Estas fueron mis vivencias mientras me sometían a varias operaciones: construcciones mentales fruto de mi subconsciente con pinceladas de realidad. No lo he contado nunca, fuera de mi familia y amigos más cercanos, porque el escenario que yo imaginé fue tan real para mí, y tan fantasioso a la vez, que me ha costado un tiempo aceptar que todo aquello fue tan solo un sueño. Creer en aquel momento que estaba realizando un Test Mental en la FIA que demostraría mi valía como piloto de Fórmula 1 fue el reto que necesité para seguir viviendo, el que me ayudó y me dio fuerzas cuando quería abandonar, el que me hizo luchar por salvar mi vida.

Pinceladas de realidad

En la Fórmula 1 se mira mucho la preparación física de los pilotos, y las pruebas a las que se les somete tienen mucha fama por su dureza. Son pruebas de intensidad máxima.

Quince días antes de sufrir el accidente yo había estado en Mc Laren, donde me hicieron el reconocimiento médico y físico para medir mi rendimiento y me realizaron todas las pruebas en un día. La prueba de esfuerzo en bici, en la que pedaleé bañada en sudor hasta que mis piernas dejaron de responder, fue en una sala delante de dos entrenadores y un ordenador que recibía los datos de mis pedaleadas. Después vinieron una serie de dominadas, sentadillas, abdominales, lumbares, la prueba de velocidad... A las que siguieron unos test de reacción y concentración que me hicieron sentada, por ordenador, una vez que estuve cansada, para ver cómo reaccionaba y las decisiones que tomaba en ese estado.

Y todo con la tensión de saber que era la primera mujer en pasar por allí y que me evaluarían con los resultados obtenidos por sus pilotos más victoriosos: Fernando Alonso, Lewis Hamilton, Jenson Button. Fueron unas horas duras, pero para las que entrenas y te preparas sufriendo día tras día.

Pues bien, nada comparado con el cansancio que sentí al volver de mi *viaje vital en el quirófano*. Estaba tan cansada que no era capaz de girarme yo sola en la cama.

Fueron cinco días en coma, tres operaciones y más de treinta horas de intervenciones en total. «Menos mal que llegaste en forma María», me dijeron más adelante los cirujanos, «pudimos seguir operando porque tu corazón respondía bien».

Decido Vivir

La realidad fue que entré en el quirófano en estado crítico y que, mientras soñaba, aguanté varias operaciones de alto riesgo por la lesión craneoencefálica y cerebral sufrida por el impacto. La primera y más importante duró diecisiete horas y mi familia no acababa de creerse que siguiera con vida. Me intervinieron dos veces más, pues también era importante y necesaria la reconstrucción facial.

¿Y por qué este sueño? ¿Qué significó, entonces? Creo que nuestro cerebro debe de ser muy sabio y escoge el escenario irreal en el que tu subconsciente va a hacer que luches todo lo que puedas. Pienso que a pesar de lo familiar que soy y lo enamorada que estoy, mi mente decidió inventarse aquella prueba de la FIA porque sabía que yo pelearía por lo que había deseado toda mi vida: ser piloto de Fórmula 1. Para mí fue tan real que, cuando desperté, no me creía que hubiese estado en otro sitio. Incluso estaba muy contenta porque lo había logrado, ¡había pasado el maldito examen y tenía mis Insignias! Supongo que si hubiera sido madre probablemente me hubiera adentrado en un sueño para salvar a mi bebé, ¡vete tú a saber!

En la UCI no había nadie de la FIA, pero sí había una mujer, mi enfermera, que me transmitía ánimos para luchar; no llevaba serpientes en las piernas: eran cintas que las rodeaban para facilitar mi circulación tras tantos días inmóvil. Los sensores de mi cabeza eran reales, tenían que controlar mi cerebro. Y mi Insignia, mi Insignia era... un medidor de la presión, que, como una bujía, salía de mi cabeza y me quitaron antes de despertar. Yo no la vi, me lo contaron mis hermanos.

Solo hay cuatro realidades en aquel sueño: las horas transcurridas, la enfermera y, la más importante para mí, los míos estaban allí viendo la «Prueba» a través del cristal. La cuarta es uno de los motivos por los que hoy escribo este libro: podría haber abandonado y decidí seguir luchando. Ya lo he dicho: no solo vivir es decidir, morir también puede ser una decisión de tu subconsciente.

Pero vayamos ahora a cuando empezó todo.

Un día más de lluvia en UK

Esa mañana de julio tuve que realizar un test de Fórmula 1 en el aeródromo de Duxford.

Era parte de mi trabajo, y se hacía allí, en una pista de aterrizaje para aviones, porque los entrenamientos en circuitos están limitados en la Fórmula 1.

Para mí era un día esperado. Todo estaba montado allí para que yo pudiera probar unas piezas de cara al siguiente Gran Premio, el de Silverstone. Ese día yo daba un paso más en mi carrera; no era un día difícil, pero sí importante, muy importante para mí.

Cuando un piloto de carreras se sube a un coche no siente miedo. No es porque estemos locos, sino porque se trabaja minuciosamente en el detalle, en el control, en la seguridad. Sientes que está en tu mano.

Ese día no lo estuvo. He revivido en mis pesadillas y fuera de ellas minuciosamente una y otra vez aquel momento y no había nada que pudiera haber hecho que hubiese cambiado el resultado.

En ese aeródromo de Duxford, solo unos minutos más tarde de comenzar mi test habría un parte de defunción. Mi parte de defunción.

El de arriba quiso que no me fuera, y ahora solo quiero que lo que me pasó a mí no vuelva a pasar.

Un antes y un después

Una ambulancia llegó al hospital de Addenbrooke. A pesar de la cercanía del hospital, había tardado bastante desde el momento del accidente. Pararon dos veces porque quien escribe esto, a la que los policías habían certificado como caso de defunción, perdía la vida. Llegué con la cara destrozada, pero con vida, acompañada de Isabel, mi hermana mayor.

Isabel firmó la hoja con mi radiografía antes de entrar al quirófano; ahora que la veo, era espantosa. Tenía, además, una decisión difícil que tomar: dar su consentimiento para que me intervinieran sin saber quién me operaría y si viviría. Si era mejor aquí o en otro sitio. Pero no había tiempo que perder, estaba muy grave. Entró conmigo hasta la puerta del quirófano y se quedó sola. El resto de mi familia estaba en España.

Mis padres, mi hermano Emilio y mi novio Rodrigo cogieron un avión en cuanto se enteraron. Isabel cuenta que llamó a casa cuando vio en mí un ligero movimiento, no sabía si sería por mucho tiempo, pero pensó: «Si hay un momento para llamar es ahora». Mi padre cogió el teléfono e Isa no habló mucho, lo justo para no confundir ni mentir. Solo dijo: «María ha tenido un accidente muy grave, no sé si vivirá, venid corriendo».

Mi padre prefirió no comunicarle a mi madre la verdad y se limitó a decir que me había hecho daño. Mi madre no quiso preguntar, debía hacer maletas para un día, pero metió corriendo lo necesario para una semana. Ella presentía que aquella mañana pasaría algo y mi padre, unos minutos antes, le había dicho: «Tranquila, Isabel, si hay un día que no debes preocuparte, es hoy».

Mi madre cuenta que en el avión mi padre y mi hermano dormían, pero en realidad no descansaban, rezaban con los ojos bien cerrados para centrarse en su oración, para que si el rezo más sincero pudiese curarme, fuese ese el que saliera de su alma. Además, con los ojos cerrados no se desmoronarían con mi madre.

Llegaron todos al hospital; Rodrigo, mi novio, viajó por su lado. Estaba corriendo por un parque madrileño cuando Isabel le llamó y vio el teléfono al llegar a su taquilla. Mi hermana le comunicó la gravedad del accidente. Rodrigo dejó su trabajo sin explicaciones y le pidió a su mejor amigo, Martín, que le llevase al aeropuerto mientras reservaba plaza para el siguiente avión por el móvil.

Se encontraron todos en urgencias, en Cambridge. Ninguno me habla de ese momento, imagino que hay sentimientos que no se pueden expresar.

Después de trece horas de quirófano perdían la esperanza, pensaban que me había ido, aguardaban en silencio. Cuando se cumplieron diecisiete horas les dijeron que la operación había salido bien, pero que mi estado seguía siendo crítico. Además, las secuelas eran grandes para una chica joven.

Solo mis padres y mi hermana pudieron verme, dado el aspecto terrible que tenía. Los detalles prefiero guardármelos para mí.

Pero estaba viva.

7 de julio de 2012 a las 7 de la tarde

Antes de subirme al coche en el que sufrí el accidente, recuerdo que mi hermana Isabel, sin venir a cuento, me dijo: «El día 7 va a pasar algo bueno, ya verás, tengo un presentimiento». A todos nos gusta el número 7 en casa.

Mi familia me ha contado que cinco días más tarde de mi accidente, el 7 de julio y a las 7.00 horas de la tarde, estaban preocupados porque en el primer momento en el que reaccioné, los médicos les dijeron que no sabían si iba a poder mover las manos o los pies. Tampoco si podría hablar porque la rampa del camión había dañado el cerebro en la parte frontal derecha, y eso también podría conllevar problemas en la gestión de tareas e incluso generarme trastornos de personalidad.

El médico me pidió que moviera las manos y respondí... ¡moviéndolas! Después me pidió que moviera los pies, pero no pude. Mi hermana Isabel, en un gesto de desolación, dijo: «María, mueve los "ñoños"» (palabra que utilizan los canarios, como mi cuñada, y que nos hacía mucha gracia), y entonces los moví. No sé cuánto tiempo pasó, pero también empecé a hablar.

Como yo pensaba que me encontraba trabajando, cuando hablaba lo hacía en inglés. Para ellos era un alivio que me expresara, aunque les tenía desconcertados que no me dirigiera a ellos y siguiera «trabajando». El médico miró a mi madre y le dijo: «Háblele, a ver si la reconoce», y ella así lo hizo, pero yo le respondí haciendo un gesto de silencio: «Shhhhh!, mamá, estoy trabajando». Al menos la había reconocido, pero seguían sin entender por qué reaccionaba así y temían que se debiera a las secuelas del accidente.

Me salvan la vida... Pierdo el ojo

Lo que recuerdo del 7 de julio es que no sabía qué día era ni dónde estaba. Desperté y vi a un hombre con bata blanca, joven para ser médico y bastante guapo, sentado en una silla al lado de mi cama. Alrededor estaban mis padres y mis hermanos.

«María», me dijo con un acento inglés afrancesado, «¿sabes dónde estás?» Yo recordé mentalmente mis últimos destinos, pero luego pensé: creo que la Prueba Mental de la FIA ha sido en Canadá, así que respondí: «Canadá». Me dijo: «Estamos en Cambridge, María, ¿recuerdas que has tenido un accidente?». Entonces recordé el test aerodinámico que había hecho hace poco con mi equipo y que me había golpeado a baja velocidad. Pensé que debí de perder el conocimiento.

El doctor me dijo: «El accidente fue muy grave María, no sabíamos si íbamos a poder salvar tu vida».

El médico prosiguió: «María, no hemos podido salvar tu ojo». En ese momento me di cuenta de que no podía abrir el ojo derecho, no tenía nada de movimiento, ni siquiera el párpado se movía.

Estaba aún muy débil y aturdida, ahora os lo cuento con una mayor claridad de la que en realidad percibía entonces. Le dije: «Doctor, ¿usted es cirujano?». Me respondió afirmativamente. Le dije: «¿Usted necesita dos manos para operar?». Él asintió. Yo continué diciendo: «Pues yo soy piloto de Fórmula 1 y necesito dos ojos para pilotar». Él repitió: «María, te hemos salvado la vida, estamos muy contentos, no ha sido fácil».

Antes de que el pobre médico se fuera, le pregunté: «¿Por qué me quitasteis el ojo?». Mi tono no era de enfado, sino de desolación, y añadí: «Esa era mi decisión», repetí, «mi decisión…».

Una mirada que me acaricia el alma

Yo ya solo pensaba en mi ojo. Lloré mientras percibía a mi familia, que me besaba con su mirada a mi alrededor. Creo que aún lloraba por los dos ojos, al menos así lo sentí. Desde ese día, ya solo llora uno.

Caí rendida.

Recuerdo la mirada de mis padres, de mis hermanos, que me contemplaban como si fuese un milagro. No lloraban, sus ojos solo brillaban. Pensad en la expresión de alguien cuando ve un milagro. Pues esa es la mirada que sentí y que me llegó directa al alma. Mis padres y mis hermanos tenían los ojos iluminados, abiertos como si no pudiesen parpadear y brillantes como si la lágrima no se fuera a caer nunca.

Esa expresión, que comparto con vosotros, fue mágica y no la olvidaré jamás.

Levantar la visera

Es ahora, después de muchos meses, cuando he entendido el gran cambio que ha dado mi vida. Había vivido como si mi cuerpo fuese un coche de competición y mi vida una carrera planeada con estrategia de Fórmula 1. Yo lo tenía todo medido, controlado. Pensaba que podía estudiar, aprender, llevar las riendas, detallar cada momento de mi futuro a base de trabajo, dedicación y pasión. Creía que todo dependería de mí, hasta tal punto que olvidé que mi vida no me pertenecía a mí. Olvidé que yo no soy dueña de mi vida, sino que lo es el destino.

Pero en aquel momento, en el hospital, María todavía seguía mirando la vida a través de la visera de su casco, seguía teniendo un único objetivo: pilotar. Seguía sin ver la vida con horizonte, en perspectiva. Solo veía coches.

Mi madre

Me asignaron una habitación fuera de la UCI, en una zona restringida y justo enfrente del puesto de control de los enfermeros y enfermeras de la planta.

En mi nueva ubicación mi familia podría estar siempre conmigo.

La habitación era pequeña y tenía un gran ventanal a la derecha de mi cama, desde donde se veían las azoteas de otras áreas del hospital. A mi izquierda, una butaca que estaría ocupada permanentemente por mi madre y un pequeño lavabo. La puerta de la habitación estaba muchas veces abierta, pero apenas pasaba gente por allí.

La medicación aún era muy fuerte y me provocaba alucinaciones, la cabeza me seguía doliendo mucho, no podía descansar, y si dormía mi cabeza sentía un estrés constante, una actividad interminable. Veía coches fluorescentes en la pared y pensaba: «Qué detalle, me han dado la habitación con motivos de automovilismo, ¡qué afición tienen estos ingleses!». Pero en realidad alucinaba, estaba agotada, quería silencio en mi cabeza, algo imposible.

Mi madre estaba siempre allí, a mi lado, y aunque yo intentaba no alarmarla, en cuanto me movía un milímetro ella se incorporaba, me arropaba, me giraba... porque a pesar de los barrotes de mi cama yo no tenía la suficiente fuerza para volverme agarrándome a ellos. Cada poco tiempo venía un enfermero español a tratarme, me atendía y me hacía las curas.

Él

Dicen que al despertar por primera vez pregunté por Rodrigo, yo no me acuerdo. Lo que sí recuerdo es que estaba siempre presente en mis sueños.

Me encontraba en la cama cuando le vi asomarse por la puerta de mi habitación. Él sonreía, y se acercó a cogerme la mano. Estaba allí. ¡Qué ilusión! Rodeado de toda mi familia. No recuerdo cuáles fueron mis palabras, pero sí que él tenía el pelo alborotado. Creo que me dijo que le había dado un buen susto. Lo que yo no percibía es el susto que él se estaría llevando en ese momento, pues no era consciente de que me estaba viendo con más de cien puntos en la cara, con el párpado cerrado y unas gasas cubriendo el lagrimal para proteger el injerto de piel que me habían tenido que realizar. Además, tenía media cabeza rapada, no movía bien los músculos de la cara y mi sonrisa era solo media sonrisa. Pero yo lo ignoraba.

Era la primera vez que entraba en mi habitación, puesto que mi madre no había permitido que, por mi estado físico, nadie me visitara hasta entonces; y lo entiendo, si en ese momento tenía aquella pinta, no quiero ni imaginar cómo era mi aspecto unos días antes. Aunque en la UCI me tenían con media cara tapada. Y nadie podía pasar.

A pesar de todos mis dolores, yo estaba feliz, tenía lo que más quería en aquella habitación: mis padres, mis hermanos y Rodrigo, que había estado conviviendo con mi familia durante unos quince días antes de poder verme.

No conozco mi aspecto

Yo no era consciente de la gravedad de mi estado.

Ni siquiera me había mirado al espejo. Al estar con Rodrigo empecé a pedir que me dejaran uno, pero no me hacían caso y a mí se me olvidaba al cabo de un rato. Como todos estaban a mi alrededor contentos, yo no imaginé ni remotamente que mi apariencia pudiera ser tan dura. Simplemente no me importaba, estaba allí con ellos.

Los médicos les alertaron de que no podían contarme nada que yo no preguntase. Les explicaron que era muy importante que yo fuese recuperando por mí misma los recuerdos y que ellos no debían forzar ese proceso. Ellos me comentaban el susto que les había dado y lo contentos que estaban ahora.

Escribo una carta

Me hablaron del Gran Premio de Silverstone y me dijeron que Fernando me había dedicado la pole:[2] me hizo una ilusión increíble. Me hablaron de la cantidad de muestras de cariño que había tenido y que a ellos también les habían ayudado mucho.

Mi hermano Emilio me pidió que le dictase un mensaje para dárselo de mi parte a todos. Yo pedí un papel ante la inquietud de los que estaban en la habitación. Imagino que no sabrían si podría escribir o si escribiría bien.

Mandé a todos esta carta, de mi puño y letra. Mi padre se emocionó.

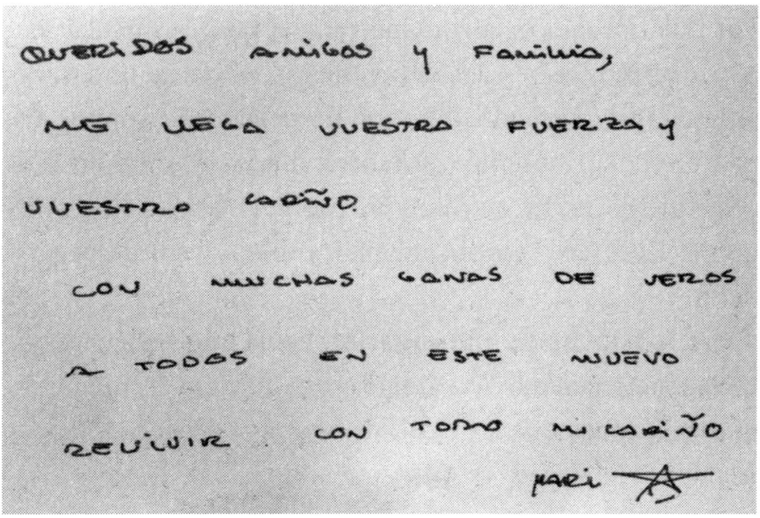
QUERIDOS AMIGOS Y FAMILIA,

ME LLEGA VUESTRA FUERZA Y VUESTRO CARIÑO

CON MUCHAS GANAS DE VEROS A TODOS EN ESTE NUEVO REVIVIR

CON TODO MI CARIÑO

MARI

2. Pole: primer lugar en la parrilla de salida de una carrera.

Los míos

Estaba feliz de estar con los míos.

Todas las noches se alternaban mi hermana y mi madre para cuidarme, aunque mi madre repetía muchos días. No tenían cama, así que dormían en la butaca o en el suelo con tal de estar a mi lado.

Las noches eran muy duras para mí. Descansaba poco, pero la morfina me ayudaba. Por la mañana aparecían todos temprano en mi habitación. Me contaban anécdotas y rodeaban la cama. Mi hermano Emilio, con el que no había pasado mucho tiempo últimamente, ya que él también llevaba una vida de locos con tanto viaje (es Team Manager del Equipo Pons y el director técnico de nuestro equipo de Fórmula 3), me cogía la mano todo el rato. Era genial sentir su cariño. Isabel estaba pendiente, alerta de mi estado, al igual que mi madre, aunque no dejaban de sonreír. Mi padre estaba tranquilo, bastante callado, admirando cada cosa que decía. En su cara aún veía esa expresión de milagro. Y Rodrigo, cómplice con su mirada y sin despegarse de mi lado.

En la ventana de mi habitación había unos peluches que me habían mandado mis amigos con una nota. Eran un pingüino y un oso que trajo mi mejor amiga desde la infancia, Irene.

Siento su dolor

Recuerdo un día. Estaba con mi madre y todos se habían ido ya al hotel a descansar. Estaba anocheciendo y oía gritos que decían «help! help!» insistentemente y con un tono triste. Pensé que quizás era alguien de la calle. Después de un rato vinieron a curarme y le pregunté al enfermero: «¿Qué pasa? Alguien pide ayuda». Me dijo: «María, en el otro lado del hospital está el área de pacientes con problemas mentales, no te preocupes, es normal». Me quedé triste, helada, en la ventana yo tenía las muestras de cariño de mis amigos, y mi familia estaba allí todo el rato. Me sentía afortunada. Aquel pobre estaba desolado, ¿estaría con alguien?

No podía dormir. Esta vez no era por mi dolor de cabeza, sino por su dolor.

Evoluciono bien pero todavía se desconocen las secuelas

Mi habitación siempre tenía un ambiente positivo y todo eran sonrisas.

Les comunicaban el diagnóstico y la evolución diariamente y mi hermano Emilio, como buen ingeniero y con su dominio del inglés, hacía un resumen para toda la familia. Las noticias iban siendo buenas, pero, como decían los médicos: «No podemos anticipar de aquí a mañana, os iremos comentando cómo vemos las próximas horas».

La operación craneoencefálica parecía haber sido un éxito: tenía cinco placas de titanio en la cabeza, pero lo que más les preocupaba era el cerebro.

Tiempo más tarde me enteré de que había perdido masa cerebral, es decir, un trozo de cerebro. Ahora entiendo por qué cada mañana venía un regimiento de médicos y simplemente me preguntaban qué día era, si recordaba algo, y al ver que yo les respondía tan normal (el día se lo preguntaba a la enfermera de madrugada porque en ese estado no era fácil acordarse), débil, pero normal, se dirigían a mi familia y les preguntaban: «¿Es la misma de siempre? ¿Se ha comportado de forma rara? ¿Algún cambio brusco de humor?».

Yo hablaba más bajito y suave de lo normal, también estaba muy cariñosa, y eso que ya lo soy mucho, pero nada que apuntase a lo que temían los médicos: secuelas psíquicas.

Pasaban los días y, aunque no me daba cuenta, cuando salían de la habitación, todos vivían aún momentos de mucha tensión.

Isabel, como mi jefa de comunicación, intentaba guardar mi privacidad y seguir la decisión que habían tomado todos respecto a mi accidente: no hacer ningún comentario. Solo les preocupaba mi estado de salud.

Mi padre, mi hermano y mi mánager estuvieron con el equipo, que les explicó su versión de lo ocurrido.

Mi madre solo salía para informar a los familiares que habían venido para estar con nosotros y que no tenían acceso a mi habitación.

Rodrigo, de vez en cuando, iba a un parque que había cerca, se tumbaba en un banco y miraba al cielo; necesitaba respirar, digerir.

La importancia del chocolate

La primera vez que me quedé a solas con mi padre, la primera pregunta que le hice fue: «¿Qué te parece Rodrigo?». Para mí era importante su respuesta porque apenas se conocían hasta que llegaron todos a Cambridge. Él me dijo en plan de broma: «Siempre te puedes fiar de alguien a quien le gusta el chocolate». Me hizo gracia, porque siempre que yo estaba dormida en la habitación o necesitaban desalojarla por las curas, ellos iban a atacar el puesto de helados de chocolate de abajo, como buenos chocolateros que son los dos. Su respuesta me dejó tranquila.

Preguntas

Después de dos semanas, ya me dejaban incorporarme en la cama. Aunque yo prefería estar acostada, ya no me dejaban dormir todo lo que quería, pedían que moviese más las extremidades y que empezase a comer. Yo no tenía nada de apetito. Empecé a tomar batidos, era lo único que me entraba, pero solo de sorber por la pajita me dolía más la cabeza.

Una noche estaba con los ojos cerrados y vino el enfermero. Vi que mi madre se levantaba y movía la sábana descubriendo mi pierna: tenía un apósito con sangre que la recorría entera hasta la ingle.

A la mañana siguiente amanecí con preguntas: «¿Por qué tengo una cicatriz en mi pierna?, eso no me encaja». Ellos respondieron: «Claro María, estabas en coma cuando tuvieron que abrirte la pierna porque necesitaste un injerto para la cara». «Ahhh, vale.»

Mi padre me preguntó: «¿María, te acuerdas?». «Sí, sí, me acuerdo de todo.» Insistió: «¿Te acuerdas de lo que hiciste?». «Sí, papá, de todo.» A mi padre le preocupaba que yo me sintiese responsable de lo que había ocurrido, ya que, según el equipo, por la información que le habían dado a mi familia, podría haber tenido parte de culpa. «Papá, no estuvo en mi mano, nada pude hacer para cambiar este final. Estoy tranquila.» Él me preguntó: «¿Por qué aceleraste?». Con firmeza dije: «Yo no aceleré, papá, estoy cien por cien segura». Mi padre lo dejó estar, los médicos advirtieron que no debía alterarme en aquel estado.

Dos versiones

Poco a poco los médicos fueron siendo más permisivos respecto a poder hablar del accidente con mi familia, siempre y cuando ellos solo respondieran a comentarios míos muy concretos, preocupados por la recuperación de mis lesiones en la cabeza. Mi familia por fin me podía dar información de lo que ocurrió según el equipo. Existían dos versiones, y la mía no casaba con la del equipo. Estaba tranquila, no me preocupaba que no coincidiesen.

Ahora sé que el equipo hizo un comunicado de prensa cuando yo aún estaba grave. El comunicado decía que no hubo problemas relativos al coche, dejando entrever que yo era novel, y curiosamente no mencionaban que un camión de uso del equipo estacionado con la rampa bajada a la altura más peligrosa, la de mis ojos, fue lo que había provocado mi estado crítico. No hablaban de ningún camión.

Pero ¿sabéis qué? En aquel momento no le di importancia, entendía que una investigación más profunda aclararía los hechos tal y como yo los recordaba. Estaba viva, tenía a la gente que quería a mi alrededor, yo me sentía en paz conmigo misma. Era mi familia la que sentía la necesidad de protegerme, de que se supiera la verdad, de que alguien se hiciera cargo de mis secuelas, les preocupaba mi estado presente y mi futuro... Yo aún no había visto mi aspecto, desconocía mis secuelas y las consecuencias que podrían acarrear en mi vida.

Y a pesar de la dureza del momento, lo vi todo claro. Aquel equipo me dejó de golpe sola. Pero no me importaban sus justificaciones. Solo me importaba estar juntos, nosotros. Así se lo dije a mi familia: «Olvidaros de todo, me da igual, no es importante, esta carrera yo ya la he ganado porque estoy viva». Mi padre dijo: «Tienes razón, hija».

Fueron mi seguro y la Seguridad Social los que corrieron con los gastos de mis operaciones.

La colonia es tan fresquita que… ¡no huele a nada!

«Vamos a cortarte el pelo, María», me decía mi madre. Yo notaba que tenía algo de pelo por los hombros. Es verdad que estaba asqueroso, tenía casi hasta *rastas*, pero me gustaba ir siempre a mi peluquero, ¡cosas de chicas! Y me negaba. Pero me convencieron. Entonces vino una enfermera que era muy simpática y con una maquinilla me afeitó la cabeza o, mejor dicho, me afeitó la parte de la cabeza que no estaba ya rasurada de las operaciones. Yo pensaba que conservaba mi melena, pero solo me quedaban unos mechones que caían desde la parte de atrás.

Desde el accidente me habían aseado, pero no me había dado una ducha por mi estado. Cada día venía una fisioterapeuta a moverme un poco las piernas y a intentar incorporarme un poco más, hasta que un día me dijeron: «¡Vamos a ducharte!». ¡Qué gozada!, una ducha, pero a mi cuerpo no le hacía tanta ilusión, me costaba mucho moverme. Me pusieron en una silla de ruedas, con cierto mareo, y me llevaron a unos aseos cercanos.

Era la primera vez que salía de la habitación, que era para uso individual, a diferencia de las demás. Recuerdo que me sorprendió mucho ver a una chica joven que estaba triste en su cama. No había nadie con ella. A sus pies colgaba un globo de helio con un mensaje deseándole una pronta recuperación. Me dio mucha pena, ella no me miró.

Llegamos al baño y todos los espejos estaban tapados. La enfermera me enseñó un bote de champú color rosa chicle y me dijo: «He encontrado este, seguro que te gusta más que el jabón de hospital». Yo agradecí el detalle y me quitaron el batín. Me pusieron debajo del chorro de la ducha habilitada. ¡Uf!, aquello era una gozada. Aunque no era una ducha en toda regla porque la cabeza me la mojaban con mucho cuidado, y tampoco es muy placentero ducharse sentada, da hasta un poco de *repelús*, pero me supo a gloria. Me pusieron crema y una bata limpia, con la ayuda de mi hermana y mi madre.

¡Agradeces tanto este momento que si fuera el *tío Gilito* le pondría a la enfermera un chalet!

En esas circunstancias no es agradable lo desvalido y pequeño que te sientes, tus miserias y secuelas están a la vista de alguien que no conoces y además, ahora, ya eres muy consciente de ello. El regalo de la ducha palió mi vergüenza y me llevaron de vuelta a la habitación.

Fue allí cuando fui consciente de que algo no iba bien. Mi madre me había comprado una colonia fresquita y me la ofrecía para que la oliera antes de ponérmela después del baño. «¿Te gusta?» Yo le dije: «Sí, sí», y pensé, es tan fresquita que no huele a nada, pero por no desilusionarla... y luego recordé que tampoco había sentido el olor de aquel gel de baño rosa fluorescente. Entonces me di cuenta de que no percibía olores.

Había perdido el olfato.

Para que no recibiese todos los golpes a la vez, los médicos me dijeron que a lo mejor era algo momentáneo. Más adelante el doctor que me operó me informó de que este sentido no lo recuperaría jamás: la rampa había cortado los canales olfativos.

Ahora mis duchas no me dejan una sensación tan fresca, es como si no fueran tan limpias al no oler el jabón. Aunque a veces también tiene sus cosas buenas no oler.

¡Quita, bicho!

Ya había roto el hielo con la ducha y mi madre me había subido a la silla a petición mía. Pasé por el lado de un aseo y le dije a mi madre que parara: había un espejo, pero creo que ella no fue tan consciente de mi intención. Me miró a mí directamente mientras que yo me quedé estupefacta frente al espejo. Se me cayó el alma a los pies. Vi la cara de una mujer con el gesto torcido atravesado por una cruz de puntos que iba desde mi frente hasta la comisura de mi boca, pasando por mi nariz. El párpado derecho estaba cerrado, pero otros puntos unían una gasa a mi cara desde el lagrimal y otra cicatriz rodeaba mi ojera hasta mi oreja y daba la vuelta alrededor de mi cabeza. Mi gesto era una mueca, mis músculos no eran simétricos, mi cara no era simétrica, el lateral derecho de mi cabeza era un planchazo. En el cuello, otro tajo feo.

Desde lo más profundo, y casi como un suspiro, dije: «¿Quién me va a querer a mí…?». Mi pobre madre, que es una mujer muy guapa, quería decirme que ella, pero le impactaron tanto mis palabras ante aquella realidad que solo le salió el gesto de desolación de una madre que sabe que lo que va a expresar no le dará consuelo a su hija.

Se rompió al mirar mi ojo en el espejo, y al ver yo su cara, mi actitud cambió radicalmente, como si me despertase de aquella pesadilla. Entonces le dije con gracia al espejo: «¡¡¡Quita, bicho!!!», y me eché a reír. Mi madre no pudo evitar reírse conmigo, aunque todavía tenía los ojos llorosos. Me llevó a la habitación y les comuniqué a todos que ya me había visto en el espejo. Mi madre contó mi payasada y no sé por qué pero no se sorprendieron de mi broma. Todos rieron. Habíamos dado otro paso.

¡Qué os voy a decir! Aún me cuesta pensar que reaccioné así ante aquella situación tan tremenda. Han pasado muchos meses, mi aspecto ha mejorado radicalmente, pero frente al espejo, sin parche me cuesta mucho verme. Es una parte de mi cara que no tiene vida ni gesto. ¿Que cómo lo aguanto? Simplemente no me recreo en él, no le doy protagonismo. Me enfundo el parche, si puede ser de colores, maquillo mis cicatrices y a correr. Para mí no es sano lamerse constantemente las heridas, prefiero curarlas dejando que les dé el aire.

Reaccioné con aquella broma involuntariamente para alegrar a mi madre, pero os diré qué me salvó: le quité importancia, dejé que el tiempo me diera esperanza y supe que harían todo lo posible por mejorarla, confié en los médicos y él, Rodrigo, hizo el resto.

Me quiere

Después de haberme visto estaba inquieta. Había quitado cierto peso de encima a mi familia después de que constataran que a pesar de todo no me había desmoronado. Pero me preocupaba cómo se sentiría Rodrigo, y nuestro futuro. La parte más femenina y coqueta de mí estaba por los suelos, no sé cómo me atrevía a que nadie me viese, pero me atrevía. Quizá porque las cosas, en este punto, tienen otra importancia y mi aspecto físico, en aquel momento y después de todo el sufrimiento y de salvar mi vida, no era prioritario. Pero por supuesto que me preocupaba.

No tardé mucho en poder quedarme un ratito a solas con Rodri. Él se sentó a mi izquierda en la cama y yo, en un alarde de valentía, intenté separarle de mi lado. Le comenté que aún no sabíamos cuál iba a ser mi futuro, si podría ser una mujer independiente por el daño cerebral o si no iba a volver a ser la misma. Además, con aquellas secuelas… «No quiero que estés conmigo por pena», le dije. «A lo mejor tienes que pensarte tranquilamente lo nuestro, tómate tu tiempo, ha sido todo tan de golpe…» Con un nudo en la garganta esperé su respuesta. A mí me salió todo del tirón con voz entera, sin llorar, pero sabía que el abismo estaba al otro lado. Habíamos vivido unos meses juntos tan increíbles, locos por mis viajes, pero increíbles. Y justo antes del accidente le había escrito en un poema: «Sé que lo mejor de mi vida ya lo he vivido contigo». Él me cogió la mano y me dijo que estaba enamorado, a pesar de todo. Que no sabía cómo iba a reaccionar antes de verme, pero que ahora estaba seguro de querer estar conmigo. Sus palabras podrían ser mentira, pero sus ojos expresaban que era verdad lo que decía. Me hizo feliz. Me quería, a pesar de todo me quería. Y entonces volvimos a bromear: «Joé, si me quieres así es que podemos con todo, ¿no?», y él a su vez respondió: «Pues te he visto peor, igual pero con un tubo en la boca, así que imagínate».

Fue un momento vital para mi revivir, porque empecé a soñar, empecé a sumar desde cero.

La gran familia

Uno de los médicos que me han operado por última vez, el doctor Casado, me comentó: «María, no te preocupes de todo lo terrible que te está pasando porque no recordarás el dolor, recordarás solo lo bueno». Y es así, tanto para mí como para Rodrigo y mi familia.

Yo no podía estar todo el rato hablando, ni con gente en la habitación, porque seguía débil, con dolor y todavía mucho cansancio. Pero las veces que estaba con mi familia me cuidaban tanto que se podría comparar con los cuidados de una madre primeriza con su recién nacido. Y ahora era también la recién nacida de mis tías, tíos, primas y amigos que fueron al hospital. Muchos de ellos llevaban mucho tiempo acompañando a mi familia sin poder verme, a excepción de dos hermanas de mi madre: Teresa y Lucía, que además estaban preocupadas por la salud de mi madre en aquellas circunstancias.

Un día decidí darles una sorpresa.

El hospital tenía una zona comercial en la planta baja, y ellos pasaban allí prácticamente toda la jornada esperando noticias. Comían juntos y aprovechaban ese momento para ponerse al día con las últimas noticias que llegaban. Luego iban al hotel por la noche y se tomaban alguna copa con la cena para quitarle tensión al día, y, como ellos decían, aquello parecía *Gran Hermano*, porque todos convivían varios días juntos e incluso compartían habitación y cama al recibir a algún familiar que se unía a última hora para ayudar.

Tenía ganas de verles, pero no les daban acceso a mi habitación. Así que una mañana vino la fisioterapeuta para tratarme y al terminar le pedí si me podían pasear un poco por la planta con la silla de ruedas. Ella se puso contenta porque me costaba mucho incorporarme y eso suponía un avance y un signo de entusiasmo en aquella mañana. Hizo que me trajeran la silla y me subieron en ella. Rodrigo se puso a los mandos con la idea de acercarme a un pequeño jardín habilitado exclusivamente para los enfermos y sentir el aire libre por primera vez. Le miré y le dije: «¿Te atreverías a bajarme a la zona comercial donde están comiendo todos?». Él me respondió que si así lo quería lo haríamos. Así que salimos del pasillo con acceso restringido sin que nadie se diese cuenta. Me subió en el ascensor y con risa nerviosa nos imaginamos la cara que pondrían. A pesar de mi estado y mis secuelas, yo no sentía vergüenza al qué dirán en ese momento, era como una hazaña con algo de gamberrada, y sabía que a ellos les iba a encantar verme.

Rodrigo me indicó: «Al torcer la esquina está el Burger King (del hospital) y ahí suelen sentarse». Así que, sabiendo que me verían, puse mis manos como si estuviera pilotando un coche y, para torcer la esquina, hice como si tirase del freno de mano para derrapar mientras hacía el gesto de contravolante con mis manos. Menudo revuelo de alegría se montó. Mi tía Lucía, Teresa, mi tío Enrique, mi amiga Irene y mi prima María se quedaron de piedra, ¡menuda sorpresa! Qué ilusión les hizo verme, aunque los pobres no sabían muy bien qué decir por mi aspecto y mi tía Lucía, Luchi, que es bastante gansa, dijo: «Qué cabeza tan redondita! ¡Jajajá!».

Fue un momentazo, la gamberrada nos duró poco y me subieron a la habitación, pero fue increíble.

Ahora, pensándolo en frío, aún me sorprende que bajase tal y como tenía la cara. Me cruzaba con enfermos que paseaban arrastrando su suero o sus cuerpos vendados y pensaba: pobres, ¡¿pobres?! ¡Si yo era la peor por allí con diferencia! Pero no me sentía así. Y ellos tampoco me hicieron sentir así, allí era una más.

Gracias a este *rallye* sorpresa rompimos el hielo y empecé a poder verles en mi habitación, a hurtadillas, en los mejores momentos del día. Las chicas: mi hermana, mi prima María e Irene decidieron ir a comprarme pijamas que no fueran de hospital y me animó mucho ponerme camisetas y shorts, como cuando era pequeña y era el día sin uniforme del colegio.

En el hospital perdí 5 kilos. Me llamaban la atención mis piernas, porque yo siempre había hecho deporte y por eso siempre habían estado musculadas, pero así no las había visto nunca, como palos. La cicatriz de la pierna derecha seguía tapada, así que no la veía, pero la forma de mi muslo había cambiado, como si le hubiesen cortado un buen trozo a esta pata de jamón, y así lo hicieron.

Los médicos

El doctor neurocirujano Hutchinson vino nuevamente a visitarme. Fue el doctor que me salvó la vida, se tenía que ir fuera, pero no quería hacerlo hasta ver mi evolución. Es un hombre delgado, con gafas y pinta de doctor, serio pero afable. Me dejó al cuidado de Christine, su mano derecha, que a partir de ese momento nos sería de mucha ayuda, personal y profesionalmente hablando.

La primera vez que recuerdo ver a los cirujanos plásticos que me operaron de urgencias también me causaron una buena impresión, fueron muy cercanos y me trataron con un cariño especial. Uno de ellos, el doctor Patel, hindú, me regaló un elefante dorado para protegerme, con una carta preciosa escrita por su mujer con la letra más bonita que yo he visto nunca.

Me comunicaron que mis cicatrices mejorarían mucho con el tiempo. Quería creerles, aunque la verdad es que pensaba que me lo decían para animarme.

También me dijeron que había perdido un nervio facial, el que hace que pueda fruncir el ceño, levantar la ceja derecha o abrir y cerrar el párpado, aunque, claro, al haber perdido un ojo, poco me importaba ya. Sin embargo, me recomendaron que no tuviese reparo en tocarme, masajearme las cicatrices y hacer muecas porque los músculos de la cara, cuantas más muecas hiciese, mejor se recuperarían. También me comentaron que mi media sonrisa, poco a poco, se abriría entera. Eso me reconfortó y pensé: «Menos mal que he perdido ese nervio y no el de mi sonrisa».

En esos días, los míos, sabiendo que tenía que ejercitar los músculos, me hicieron reír tanto que hubo momentos en los que les tenía que echar de la habitación porque ya me dolía hasta la mandíbula.

El humor alivia

La visita que se hacía esperar todos los días era la del oftalmólogo. En mi mesilla de noche había un bote con una lentilla, la que me quitaron no sé en qué momento. Pero no tenía noticias de ello. Yo daba por hecho que mi ojo izquierdo estaba bien, pero veía como arañas por el rabillo, por mi almohada, y no paraba de hacer el gesto para quitarlas, lo que dejaba a todos un poco intranquilos.

Por fin llegó un chico joven, de estos que parecen que se han graduado con honores en Oxford. Venía trajeado, impoluto y se puso a revisarme la vista: «Buenas noticias, parece que tu ojo izquierdo está bien, aunque habrá que ver más adelante si el nervio ocular ha sufrido». Bueeeeno, qué alivio, aunque... yo seguía viendo arañas.

Otro día vino otro médico, este más sosillo, con el típico letrerito en la bata, y se pegó a la pared de mi habitación: «María, léeme esta fila». Cuando terminé todas las letras que me pedía tuve el acto reflejo de taparme el ojo bueno para proseguir. Ante esa situación incómoda para mí, no vi otra salida que inventarme las letras. Al médico mi broma no le hizo mucha gracia.

Pero a mí, una vez más, el humor me alivió.

Cicatrices de vida: mis medallas de honor

También tengo que confesaros, aunque sé que me van a leer las chicas de la familia, que el equipo de doctores del hospital de Addenbrooke no está nada mal, y no sé si por salvarme o por el mito del doctor cañón, todas estaban encantadas de que tuviese algunas visitas periódicas de ciertos médicos, en concreto la de un australiano, neurocirujano, que ya por allí tenía club de fans.

Él fue quien un día, más en *petit comité* (no penséis mal), me dijo que me tocara la ceja izquierda. Ahí también me dolía, pero no sabía por qué. Me dijo: «María, te rompiste también por aquí, pero en el estado en el que llegaste nos centramos en salvarte y en lo más importante. Quizás en el futuro te dirán que debíamos haberte recompuesto esta parte, pero créeme que lo pensamos mucho y creo que hicimos lo correcto». Hoy en día, me alegro de que obraran así, me hubiera dejado otra cicatriz. Y al menos mi lado izquierdo está como siempre.

Había días que se me hacían más duros, tenía más dolores y empezaba a perder la paciencia. Entonces solo quería dormir, no tenía apenas ganas ni de asearme, aunque esa experiencia luego fuese reconfortante para mí; y me dejaba la comida y el batido para más tarde, con la excusa de que luego lo tomaría.

Uno de esos días tuve una conversación con mi padre que me reconfortaría mucho. Estaba triste por mis cicatrices, porque estaba fea y lo seguiría estando toda mi vida. Yo, además, siempre he sido coqueta y alguna vez pensé: «Si tengo un accidente, que puede pasar por mi profesión, que no me pase nada en la cara», aunque sinceramente pensé que algo así solo ocurriría si me quemaba.

Fue mi padre, entonces, el que me dijo: «¿Y qué, María, y qué? Estas cicatrices son tu vida. ¿No estás orgullosa de lo que ha sido tu vida? ¿De lo que has conseguido? ¿Hasta dónde has llegado? Nadie pensó que lo lograrías. A veces ni yo. Y mira. Conseguiste tu sueño».

Tenía toda la razón. Si yo hubiese vuelto a nacer nada hubiera cambiado. Si yo no hubiese perdido mi ojo, estaría pensando en subirme a mi coche de carreras en cuanto me encontrase mejor. Mi historia había sido mi pasión y mis marcas eran mis galones: era duro, eran feas, pero eran mías; y yo me he sentido orgullosa de haber luchado a contracorriente en mi vida por ese sueño, por esta historia.

Dio en el clavo. A partir de ese momento dejé de sentir pena por mí y elevé mis cicatrices a la categoría de medallas de honor.

Buenos recuerdos

Recuerdo el primer día que sentí apetito y me tomé una magdalena con chocolate que me subió Rodri: ¡Qué rica! Recuerdo la dulzura con la que mi madre me tapaba y cuidaba en las tremendas y duras noches de hospital. Recuerdo al primer nominado de nuestra casa de GH, mi tío Enrique, que se tuvo que volver a Madrid al ser abuelo. Recuerdo a mi prima María haciendo bromas, a mi amiga Irene siempre ahí, siempre pendiente y discreta. Recuerdo a mi hermana Isabel mirando como siempre más por mí que por ella y recuerdo el primer día que cedió a darme el móvil, solo por un ratito, ya que los médicos querían que descansara, pero por su cabezota hermana me lo dejó. Llamé a Arancha Yagüe, mi representante: sé que quería venir, debía de estar hecha polvo, así que hablamos un ratito, y, aunque yo estaba muy aturdida, me encantó hablar con ella.

Acto seguido, al colgar, no pude evitar mi curiosidad, me metí en el navegador de mi móvil y puse «mujeres tuertas». Necesitaba referencias, ver cómo les quedaba el parche, no sé, ¿habría alguna guapa? Pinché en el link de imágenes: la primera foto que aparecía era la mía, vestida con mi mono de carreras. Menudo impacto. Me reí, gracias a Dios me reí otra vez.

Hago un bizcocho

Una de las cosas que peor llevaba en el hospital no eran las curas o los dolores. Sí, no me gustaba que me pinchasen cada día ni que me frotasen las heridas, pero lo que menos me gustaba era cuando venía la terapeuta ocupacional a hacer la sesión conmigo en la habitación.

Me hacía preguntas sobre sentimientos, me hacía hablar de mi situación, me planteaba posibles futuros problemas y me decía que tendría que ir despacio. ¿Despacio yo? ¡Si estoy bien! ¡De verdad! No te necesito.

Un día, cuando ya estaba a punto de recibir el alta hospitalaria, me subió a la silla de ruedas y me dijo: «¡Vamos a cocinar!». «¿¿Cómo?? ¿Puede venir Rodrigo conmigo?» Él cocina mejor que yo, pensaba para mis adentros.

No era broma, me llevó a una cocina habilitada y me preguntó: «¿Qué sabes cocinar?». «Bizcocho», dije yo. «Está bien, voy a por la receta y lo vas a hacer.» «¿Cómo?» Yo pensaba: «Esta quiere vender el bizcocho de la piloto de Fórmula 1 que se ha dado el cacharrazo», pero me explicó: «No sabemos si vas a ser coherente en tus tareas por el daño cerebral que tienes. Tengo que saber si eres capaz de ciertas cosas. Te ayudaré, pero tú tienes el mando». ¡Joé! Me hizo hasta batir la masa, ¡¡no había batidora!! Y claro, dejé unos grumos…, estaba agotada. Lo bueno es que me acordé de encender el horno, pero como ella quería ver si me acordaba de apagarlo no me dejó irme hasta que el bizcocho se hizo. Yo estaba agotada, y dije: «¡Qué bien huele!» (ya no tenía olfato, pero me lo inventé), apagué el horno y subí con el bizcocho sobre mis piernas. Estos ingleses…, qué cosas, pensé.

So much better when we are together

Llegó el día de quitarme los puntos, no sabía si me llevarían a un quirófano o si me lo harían en la habitación. Estábamos todos allí cuando entró un enfermero negro, alto, grande, sonriente, con su pelo lleno de rastas. Me dio buen rollo. Dijo que me quitaría él todos los puntos y que tenía para un rato. «¿Pueden quedarse?», le pregunté. «Sí, claro, si no les da cosa.» Me quitaría todos a excepción de los que tenía en el lagrimal, porque el injerto aún necesitaba más tiempo. Empezó a hacerlo con mimo y sin hacerme casi daño. «¿Podemos poner música? Así es más ameno», le dije. Asintió mientras Rodri ponía a nuestro cantante favorito: Jack Johnson. Perdonadme la cursilería, pero fue especial: *so much better when we are together, so much better when we are together* (mucho mejor cuando estamos juntos, repetía la canción).

Mark

Iba a recibir el alta pronto, Isa estaba gestionando el avión médico que me llevaría a España y de ahí al hospital de La Paz. Antes de dejar el hospital debía ver a alguien: Mark, mi mánager; él había sufrido también un accidente grave en su trayectoria profesional y no le resultaba fácil verme. Pero ese día apareció. Muy emocionado, me dio un fuerte abrazo y me dijo: «Eres valiente, María».

Me alegro de haberle tenido como mánager. Sé que todo el proceso médico no hubiera sido tan bueno sin su ayuda. Gracias, Mark.

Mi primer parche

Este día fue el primero que me trajeron un parche al hospital. Tenía curiosidad por probármelo; aunque todavía mi párpado estaba rodeado de gasas, me lo pondría encima. Lo saqué de la caja, era negro y bastante grande. Me lo puse y, cuando me miré al espejo, casi no veía la mitad de mi cara. Era demasiado grande; además, tenía una forma de pico, como la copa del famoso sujetador de Madonna. Menuda desilusión. «¿No hay más?» «No, María.» «Entonces tendré que hacérmelo a medida.» Mi madre dibujó en un papel la circunferencia de mi órbita y se lo guardó: «Ya me encargo yo, hija».

Vuelvo a España

Solo quedaban dos cosas antes de volver a España:

1. Me tenían que poner un conformador en el ojo (como una lentilla muy gruesa para conservar el espacio interior).

2. Hacerme unos análisis y pruebas para permitirme viajar. Aunque fuera en un avión médico.

Todos se fueron a España a preparar mi ingreso en el hospital de La Paz a excepción de Isabel, quien viajaría conmigo. La pobre todavía se encontraba inmersa en un proceso muy duro, pues vivió en directo el accidente, pensó que me había ido y me vio en las peores condiciones imaginables. Pero no quería separarse de mí, e iríamos juntas de vuelta a casa.

La noche anterior hubo malas noticias, parecía que mi riñón no iba bien y me tuvieron que hacer varias pruebas de madrugada. Nos alarmamos, pero finalmente nos dieron el OK para viajar. Ella me decía en broma: «No vale echarme los marrones cuando todos se han ido, ¡¿eh?! Que ya me he comido bastantes». Y decía: «Ñam, ñam, ñam», mientras hacía el gesto de comer con sus manos.

Ella era la única a la que dejaba ver mi párpado averiado, y justo antes de irnos vino el oftalmólogo a intentar ponerme el conformador, pero se salía. El doctor, girándose hacia ella, dijo: «Si se sale en el avión a lo mejor tienes que ponérselo tú, Isabel». Mi hermana, a sus espaldas, volvía a hacer el gesto de comerse los marrones: ñam, ñam, ñam. Yo me reía y el doctor no entendía nada. «Se vuelve a salir», dijo, «no tienes espacio suficiente, no te lo puedo poner». ¡Qué alivio!, pensamos las dos.

Nos fuimos con un libro de recomendaciones de Christine: *Cómo afrontar un daño cerebral, para paciente y familia.*

Lo guardamos en la maleta con mi historial médico, que reunía más de cincuenta páginas, y me subieron a la ambulancia.

Llegamos al aeródromo. Era un avión pequeño y muy bonito el que me llevaría de vuelta a casa. Iríamos un piloto, dos enfermeros, mi hermana y yo.

Me preguntaron: «¿Crees que podrás entrar por tu propio pie?». Yo dije que sí. En el primer escalón flaqueé, me fallaron las fuerzas, menos mal que me cogieron.

Me iba a casa, pero aún tenía mucho camino por andar.

Hospital de La Paz, España, 21 de julio

¿Y tu ojo?

Llegué a España, y otra ambulancia me trasladó al hospital de La Paz. Los primeros días estaba en una zona muy restringida y apenas podía ver a mis padres.

La razón por la que me trasladaron allí era porque es uno de los hospitales públicos que más cerca tenía de casa, y en caso de alarma en el futuro, era importante, además de por las recomendaciones tan buenas que tenían, tanto del cuadro de neurocirujanos como de cirugía reparadora (la unidad de quemados es referencia a nivel europeo).

Se hicieron con mi historial y me tuvieron en observación las dos primeras noches, luego me trasladaron a planta, a una habitación al final del pasillo con dos camas. La primera noche descansé bastante bien, pero la segunda tuve pesadillas.

Por la mañana, antes de que llegasen los médicos, vino una mujer del hospital a limpiar la habitación, se acercó a mi cama y me preguntó cómo estaba. A continuación quiso saber: «¿Y tu ojo?». No supe qué decir. Me callé, me giré y me hice la dormida.

Fue la primera vez que me enfrenté a la realidad, mi realidad fuera de mi entorno familiar.

Encontrarme conmigo

Inglaterra había sido para mí el universo de mi accidente, como si allí esa situación fuese normal, un gran paréntesis en mi vida. Pero llegaba a Madrid, donde aguardaba mi vida, donde tenía mis sueños, donde estaba mi rutina (si es que alguna vez la tuve entre tanto viaje como hacía). Y me encontré conmigo. Tenía que empezar a asumir mis secuelas.

No lo llevé tan bien. La vida ya tenía su ritmo y yo tenía que empezar a tomar decisiones. Mantenía un duelo con mi conciencia: el de ver a la gente que me quería, familiares, amigos… y el que al final me salía: no ver a nadie, esperar a que estuviese mejor, a que no se asustasen, a parecer más normal, más guapa. Verles a todos era asumir finalmente mi estado. Era empezar a dar normalidad a algo que para mí no era normal.

Poco a poco empecé a recibir la visita del resto de la familia, no todos, en las horas permitidas. También vino Arancha Yagüe, mi representante. Me costaba que me viese; aún había amigas íntimas a las que no dejaba ir, pero Arancha estuvo conmigo y me gustó mucho verla.

Soy la María de siempre

Las noticias sobre mi estado de salud eran buenas, aunque mi historial médico volvió a crear el efecto milagro.

Recuerdo el día que el doctor Casado se acercó a mí para tener la conversación que tantearon en su día los médicos ingleses. Buscó tener una charla natural, casi fortuita, y evaluar mi estado mental. Al constatar, como los otros médicos anglosajones, que yo le respondía de una forma normal, hizo lo mismo que ellos, preguntarle a mi familia si me comportaba como siempre. Y tuvo la misma respuesta: «Sí, sí, es la María de siempre». Se quedó alucinado. Unos días más tarde me confesó: «Es difícil de creer, tenía que verlo con mis propios ojos. Le comenté a mis colegas tu estado y no se lo creen, me preguntaron si lo había comprobado personalmente».

Cada vez me quedaba más claro que sí, había sido un milagro.

Quiero irme a casa

Toda mi cara era una costra.

En Inglaterra no me las tocaron después de quitarme los puntos, pero al llegar a España una enfermera vino aquella mañana dispuesta a retirármelas con unas pinzas. «¿Está segura?» Yo no quería que me las quitase, pensaba que sería peor, que me quedaría más cicatriz, nadie más a quien yo pudiera convencer estaba allí. Me quitó algunas, pero al día siguiente prosiguió: «Me ha dicho el doctor que tengo que hacerlo». Tenía la cara en carne viva, me daba cosa verme, había pequeños huecos debajo, era para mí más duro todavía.

La medicación para el dolor me seguía ayudando mucho, pero tenía unas ganas increíbles de volver a casa. Llegaba el cumpleaños de mi padre, 26 de julio, que es una fecha que siempre pasamos todos juntos en Santander.

Los médicos responsables pasaron por la habitación. El jefe de planta, el doctor Casado, dijo que lo malo de darme el alta es que yo tendría que hacerme las curas en casa. El neurocirujano, el doctor Heredero, dijo que él podría darme el alta si cumplía con sus peticiones: muchas horas de sueño para que mi cerebro se regenerase y descanso. Prometimos que no haría ninguna locura y que me cuidarían bien.

¡Decidido!, nos iríamos para el norte.

En Santander

El limonero

Una de mis actividades favoritas antes del accidente era salir a correr con Rodrigo por el campo. No solo cumplía con mi entrenamiento, sino que además me gustaba mucho correr a su lado. También nos llevábamos a Morgan, el perro de unos amigos, con una mancha en el ojo a modo de parche, que corría a nuestro lado encantado de desahogarse.

Cuando llegábamos a casa nos estirábamos en el jardín y, bajo una palmera, recuperábamos el aliento: era nuestro momento.

Si el tiempo acompañaba, preparábamos la comida y la sacábamos a la terraza y, a modo de premio, nos tomábamos una cerveza bien fresquita. A mí me gusta ponerle limón natural y beberla en botella, y siempre bromeaba diciendo: «Solo me falta un limonero en el jardín para ponerlo directamente, porque este momento es perfecto, eso, solo me falta el limonero».

Al salir del hospital, y antes de viajar a Santander, me fui a mi casa de Madrid con Rodrigo. Nos costó mucho convencer a mis padres de la decisión que había tomado: yo necesitaba mucha ayuda y además corría el riesgo de padecer ataques epilépticos después de las operaciones. Mi madre estaba muy inquieta, pero yo necesitaba pasar unas horas en casa a solas con él. Necesitaba comprobar que todo podía volver a la normalidad. No sentirme enferma ni física ni mentalmente en mi hogar.

Recuerdo que llegamos y miré por la ventana que da a la terraza. Había algo esperándome. Me asomé y no pude contener las lágrimas. Había plantado un limonero. Miré a Rodrigo y lloré, lloré por segunda vez que yo recuerde desde el accidente. Pero esta vez fue de felicidad.

El Solievo

Mis padres llaman a su casa de Santander El Solievo por la paz que nos ha dado siempre este lugar.

Como os podéis imaginar, en mi casa siempre se ha hablado de coches hasta la saciedad. Somos muy pesaditos con todo lo que tenga ruedas, y como además hemos trabajado todos en la empresa familiar –Escuela de Pilotos y Equipo de carreras Emilio de Villota Motorsport–, era difícil separar el trabajo de la vida familiar. Pero en Santander lo conseguíamos.

Llegamos a casa y me instalé en mi habitación con mi hermana Isabel. Rodrigo dormiría en la habitación de mi hermano Emilio. Cada día era parecido. Yo dormía mucho y mi hermana me ayudaba a ducharme y arreglarme. Luego bajábamos a la terraza o a la sala de estar y descansaba en el sofá.

Los dolores de cabeza eran tremendos y, como el médico había recomendado que durmiese cuanto más mejor cada vez que sintiese que mi cabeza lo necesitaba, a veces echaba una cabezadita que se convertían en 3 o 5 horas de sueño.

Por las tardes, haciendo un gran esfuerzo, salía con Rodrigo a dar una vuelta a la casa. Era mi paseo obligatorio. Muy corto, pero a mí me costaba mucho, daba pasos de tortuga. La pierna derecha, además, estaba muy débil y a veces me fallaba.

Mi primer día de playa

Me moría de ganas de ver el mar, pero estaba demasiado débil para ir a la playa.

El calor, el sol, la arena… no era muy lógico ir en mi estado, pero la playa de Somo ha sido mi lugar favorito en los últimos años. Me ha dado mucha energía y he tomado decisiones importantes en mi vida sentada en su orilla.

Logré convencerles de que un día me llevaran, pero eso tuvo sus preparativos: tenían que hacerse con una pamela, con unas tiras de silicona que cubriesen mis cicatrices, unas gafas que no me doliesen en el puente de la nariz (porque también se me rompió) y esperar a que tuviese un día bueno.

Ese día llegó.

Me pusieron todo el kit y fuimos para allá. Nos acercamos a la arena. Yo parecía un personaje de *La guerra de las galaxias* con todo el *tunning* que llevaba encima. No estaba cómoda porque apenas veía entre la pamela, las gafas… Recuerdo que me veía solo los pies, que, por cierto, tenían los empeines más blancos de toda la playa, casi transparentes. Empecé a impacientarme, quería que me quitaran todo aquello. Anduve un poquito de su mano y cuando paré dispuesta a levantar mi cabeza por fin, vi el mar... Fue muy bonito, pero me llevé una desilusión, porque con un ojo no veía su inmensidad. No como antes. Para ver todo el horizonte debía mover la cabeza hacia los lados. Lo percibía más pequeño de lo que es en realidad, como una foto cortada por la mitad.

No dije nada. Hacía viento y la pamela empezó a golpearme en la cara, estaba cansada de los pocos pasos que había podido dar en la arena. Disimulé mi desilusión y pregunté si podíamos irnos.

Las noches

Los desayunos en Santander son una maravilla, mi madre prepara el comedor para todos y a gusto de todos: Cola-Cao, galletas con nata, pan con mermelada, cereales. Cada uno se despacha a su ritmo. Rodri es el más madrugador y mi padre normalmente le sigue, ya que luego se pone a arreglar el jardín. Emilio y Elda (ahora su mujer) amanecen más tarde, como Isa y yo. Las mañanas del Solievo son un chute de vitalidad.

La casa se llena de voces y de visitas, como la de mi amigo Zalo, de Santander, que vino a verme con un libro y muchas sonrisas de regalo. «Que débil te veía», me reconoce estos días. «Tu imagen me impactó», me dice. «Pero allí estaba tu sonrisa, eras tú.»

Las noches, sin embargo, eran durísimas para mí. Conforme avanzaba la tarde se me empezaba a tensar la mandíbula al ver venir la hora de dormir, por consiguiente mi cura diaria frente al espejo.

Yo había tomado una decisión: el párpado me lo curaría yo, solo yo; bastante habían sufrido los que estaban a mi alrededor como para sufrir más.

Cada noche, cuando todos estaban en la cama, era el momento diario de enfrentarme a mí misma.

Isabel siempre leía cuando yo me acercaba al baño y cada noche me preguntaba: «¿Seguro que no quieres que te ayude?». No me dejaba. Prefería que lo viesen como estaba durante el día. Tapado.

Entonces, frente al espejo, quitaba las gasas y mojaba de suero las heridas. Y me venían mil preguntas médicas a la cabeza: ¿si está de este color será malo?, ¿por qué supura?, este punto está muy feo, ¿estará infectado?

Era el precio que tenía que pagar por haberme ido del hospital. Y lo asumía. Pero me afectaba mucho. Si supiera que todo aquello era normal… César, mi doctor, me había dicho que no dudase en escribirle whatsapps con cualquier duda, y lo hacía, pero no quería ser pesada, así que me reservaba muchas preguntas y solo le hacía las que ya verdaderamente me preocupaban.

Un día, después de levantar una costra, me di cuenta de que tenía todavía un punto de tela negro. Él me había sugerido que tirara sin miedo, pero a mí me parecía que aquel punto era bastante largo en su interior, y, sinceramente, pensaba que si tiraba de él toda la cicatriz de la nariz hasta el lagrimal se me caería hacia abajo de lo tierna que estaba. Finalmente un día tiré con la parte de costra que llevaba consigo y me quedó un agujero en la cara, entre el puente y el lagrimal, del tamaño de una lenteja. Lo limpié bien con suero y se me cortó la respiración. Es repugnante lo que os estoy contando, pero es que no veía el fondo de aquel agujero.

Estaba muy angustiada, me desesperaba, intentaba contener mis lágrimas.

Volvía a la cama intentando disimular lo que Isa sabía que no podía esconder. Le preguntaba si había puesto el antimosquitos, tenía esa obsesión por si me picaban en alguna herida, o algo peor. Y me iba a dormir no sin antes escribir a Rodrigo: «Menos mal que estás también aquí, qué mal lo paso, odio este momento, que se acabe pronto».

Por la mañana se volvía a respirar alegría en el desayuno, y ya cada día iba todo un poquito mejor.

De vuelta a Madrid

Javi

¿Creéis en el destino? Yo estoy convencida de que la pérdida de mi ojo ha sido por alguna razón. Pienso que ha sido porque me esperaba otra cosa en la vida además de los coches. Algo más importante.

Era día 3 de septiembre y estábamos en Madrid, recién llegados.

Mis padres me llamaron por teléfono: «María, ha fallecido Javi. Nos vamos al entierro». «Yo quiero ir», dije. Javi era el hijo de tres años de mi primo Javier y había sufrido una enfermedad rara desde el primer año de vida.

Ante mi insistencia accedieron a llevarme. Fuimos toda la familia. Era la primera vez que salía de casa con mi parche a un lugar con más gente. Era duro para mí, pero tenía que hacerlo, por Javi, no podía faltar allí.

Alejados de sus padres, entre tantos amigos y familiares, vimos cómo le daban el último adiós a Javi. Era un momento cruel, triste. No hay palabras que describan aquel desolador suceso.

De la mano de mis padres y hermanos, se me encogió el corazón. Yo pensaba: «¿Por qué un niño de tres años? ¿Por qué no me fui yo, yo ya viví una vida plena? ¿Por qué se lo llevan a él?». Creo que todos tuvimos el mismo sentimiento: que ese día podía haber sido mi entierro.

Su abuelo Javier se acercó a mí, ante la mirada de muchos sorprendidos de verme allí: «Tú eres un ángel, como él», me dijo. No pude aguantar las lágrimas, la impotencia. Mi primo vino después, no hubo palabras, solo cariño, llantos, abrazos.

Desde ese momento supe que esa era la razón por la que yo estaba aquí: tenía que hacer algo, ayudar a Javier, su padre, para que todos los niños que sufren esta enfermedad tengan una vida mejor.

Le pedí a Javier unir nuestras fuerzas y me nombró madrina de la Fundación Ana Carolina Díez Mahou, Fundación que él dirige para ayudar a niños y a sus familias con esta terrible enfermedad. Os hablaré más de ello en otro capítulo.

Y por fin empiezo a ver a mis amigos

Seguía muy reticente a la hora de encontrarme con mis amigos. Me moría de ganas de estar con ellos, pero aquello significaba asumir mis secuelas. Significaba que ellos me verían y sentirían pena por mí. A mí nunca me gustó dar lástima. Y menos ahora. Necesitaba recomponerme, intentar hacerme un poquito más grande, me sentía pequeña, y así sería muy difícil para mí.

No pude evitar, sin embargo, ver a mi amiga Carmen. Hicimos la carrera juntas con mi otra amiga Paloma, y sabía por mi fisioterapeuta que lo estaba pasando muy mal.

Samu, mi fisio, irrumpió en mi vida sin preguntar y al verme la cara supo muy bien lo que tenía que hacer. «¡No estás tan mal!», me decía para animarme. «Tengo que tratar esas cicatrices, vendré a cuidarte a casa. Me da igual si no quieres que te vean, yo tengo que hacer mi trabajo.» Tenía razón. Ese día solo se centró en las de la cabeza, que estaban muy tirantes. Las de la cara y la pierna estaban demasiado tiernas todavía.

Llamé a Carmen: «¿Puedes venir?». Unas horas más tarde llamaron a la puerta de mi casa. Yo llevaba horas mirándome al espejo, aquel espejo que tenía en mi habitación, en el que me miraba siempre antes de salir de casa. Me entraban ganas de llorar, me miraba y pensaba: «Paciencia, María, seguro que hoy es el peor día, mañana será mejor». Y me alejaba de él como si me diese alergia.

Miré entre todos los parches de colores que me había traído mi madre. Los tenía en una caja transparente. La mayoría tenían motivos infantiles, ya que la modista que nos los regaló solo tenía retales de ropa de bebé en el momento en que mi madre se los pidió apresuradamente. Pero había uno azulón, vivo, alegre, creo que de un retal de un vestido. Me lo puse, se me hacía muy raro, pero me aliviaba porque su tamaño me tapaba gran parte de las cicatrices que rodeaban mi párpado.

Con la cabeza rapada y aquel parche pensé: «¡Qué pinta más chunga!, si me viese yo misma cambiaría de acera», pero estaba mejor, me gustaba el azul.

Y abrí la puerta a mi amiga.

Carmen venía con calenturas en los labios, con la cara y el gesto cansado, derrotada. Nos fundimos en un abrazo. «Siento haber tardado tanto», le dije. «No te preocupes», susurró, «aunque ha sido tremendo no verte, te imaginas lo peor. Me enteré de casualidad que habías perdido el ojo, pensé tanto en ti y lo pasé tan mal...». Había tardado mucho en ver a mi gran amiga y la información sobre mi estado era muy restringida, así que había pasado un periodo de larga incertidumbre.

Yo bromeé con ella y le pregunté si pensaba que un camión podría conmigo (era mi gracia favorita por aquellos días). Ella también quiso animarme y lo consiguió: «No estás tan mal». Nos reímos. Cuando le enseñé una foto que tenía del hospital, guardó silencio. «Estás viva, lo hemos pasado todos fatal.»

Con Carmen rompí el hielo. Sí, me sentía pequeña, lisiada, esa cara no era la mía, sin expresión y con cicatrices. Pero ellos, mis amigos, hicieron que volviera a sentirme la María de siempre.

Mi carrera profesional

7 de marzo de 2012: ¡soy piloto de Fórmula 1!

Me encontraba a punto de salir de mi hotel en Banbury, Inglaterra. Estaba sola, pero me retrasaba más de lo habitual porque no sabía qué ponerme.

Llevaba días soñando hasta en el más pequeño detalle, pero el hecho de que poco antes me hubiera llegado la equipación –camisetas, pantalones, bolsas de viaje, gorras–, todo con su logo y sus patrocinadores bordados, me creaba la siguiente duda: ¿voy con mis pantalones negros y mi chaqueta, o visto la del equipo para que vean que ya me siento parte de ellos? ¿Les parecerá bien?

Cuando te acercas al mundo de la Fórmula 1, nada es tan obvio ni natural como parece. Está todo pensado. Por eso, al no decirme nada de lo que debía llevar, no sabía si era adecuado o no estrenarlo. Después de muchas vueltas, decidí ir con mis pantalones pero con la camiseta del equipo.

Llegué a una nave con cristales de espejo que estaba cerca de mi hotel. Era allí. En la entrada ponía Marussia F1. Me abrieron la puerta de un *hall* muy grande donde había un

Fórmula 1 (bueno, un coche de exposición a tamaño real) y esperé a que llegara mi mánager, Mark. Estaba nerviosa, pero no quería que se me notara.

Nos saludamos y pasamos a la parte noble de la nave, al despacho del jefe de equipo. Me recibió con gesto amable y me indicó que me sentase frente a una mesa que estaba llena de papeles. Sin más preámbulos se puso a firmar mientras me los pasaba, y yo a su vez se los pasaba a mi mánager. Cada vez que pensaba que ya habíamos terminado aparecían más papeles.

Me parecía increíble que además de mi primer contrato de Fórmula 1 como piloto de pruebas, hubiese que firmar de motorista, neumáticos, organizaciones... pero llegaba la última hoja y terminé. Él se levantó y me dio la mano con fuerza; yo le respondí igual, y entonces él dijo: «Congratulations, you are a Formula 1 driver» (Felicidades, ya eres un piloto de Fórmula 1). En ese momento miré a mi mánager y nos dimos un fuerte abrazo. «Well done, girl» (Bien hecho, chica), me dijo. Al girarme, otras manos por estrechar me esperaban. Las estreché todas, salimos de allí y me despedí de mi mánager.

Fue todo muy rápido, o yo lo recuerdo así. Parece increíble: un momento tan esperado de tu vida, y pasa en nada. Y la vida sigue. Y para los demás transcurre incluso más deprisa que para ti. Sí, porque yo estaba congelando ese momento en mi mente. Me hubiera gustado gritar, saltar, llorar, pero estaba sola y saliendo de aquella nave. Habría quedado ridícula.

Fui al parking y me metí en mi coche de alquiler. Respiré profundamente y, antes de llamar a casa, antes siquiera de llorar, hice memoria de lo que había sido mi vida, mi carrera profesional. Y sobre todo recordé los duros momentos por los que había pasado hasta llegar allí. ¡Hasta llegar a ser piloto de Fórmula 1!

Lloré y llamé: «¡¡¡Me parece increíble. Ya lo he conseguido!!! Aún no me lo creo». Seguí llorando. Hablé con todos. Les eché de menos.

¿Y qué pensé en aquel coche? Pensé en la niña que quería ser piloto de Fórmula 1. Y que después de muchos años de dedicación, esfuerzo, pasión, perseverancia… lo logró.

Aparco mi coche en el armario antes de dormir

No sé qué edad tendría cuando empecé a jugar con coches, pero las imágenes me delatan.

Cuando tenía un año estaba subida a los mandos de un Fórmula 1 para una foto familiar y ya agarraba aquel volante con fuerza. Tengo una foto de la noche de Reyes en la que me estoy subiendo a mi regalo: un coche de carreras, y necesito la mano de mi padre para tenerme en pie, así que aún no andaba muy bien.

Recuerdo que cuando mi abuelo nos llevaba al tiovivo, yo no me subía en carrozas de princesas y caballos: iba a por los coches, aunque fuesen de bomberos. Y los días de disfraces en el colegio, yo lo tenía claro: mi mono y mi casco, que era una réplica del de carreras que tenía mi padre.

Recuerdo carreras con aquellas carrocerías de plástico y a pedales, en casa y por la calle, y cuando era de noche, entonces, antes de meterme en la cama, ponía el coche en su sitio, su garaje, que era mi armario.

No es que no me gustasen las muñecas, qué va, también tenía Nancys y osos de peluche. Pero en el coche sacaba mi carácter, mi genio, mi sonrisa.

Según dicen mis padres, yo era una niña risueña y feliz. La mediana de tres hermanos con un temperamento independiente: no me hacía falta nadie para jugar. Cuentan que estaba siempre muerta de risa, y que, comparada con mi hermana Isa, que era muy buena, yo era un poco trasto, pero que era una niña sin malicia.

Recuerdo ser valiente, y por eso me partí el labio un par de veces. La primera y más sonada fue tirándome a toda velocidad por una rampa de mayores con mi bici. Mi mayor ilusión era hacer deporte, ganar a mi hermano Emi y, por supuesto, los coches.

En casa, eso de que nos gustasen los coches les parecía muy bien. Pero cuando a mis padres les hacían la pregunta de qué harían si quisiéramos ser pilotos, ellos siempre respondían con una negativa: «No, mejor otra cosa. Y si quieren ser deportistas, que sean olímpicos», decía mi padre. «El motor es un deporte en el que dependes demasiado de los demás, y encima tiene riesgo.»

Olores de niñez

Nosotros, por entonces, éramos muy pequeños e íbamos a las carreras porque mi madre hacía maletas con niños incluidos, así que empezamos a conocer los circuitos, el olor a gasolina y a neumático desde que supimos andar. Y todos estos olores y escenarios se convirtieron en recuerdos de niñez: el olor a cuero nuevo, el sonido de las puertas de los coches al cerrarse, el rugido de un motor, el olor a coche de carreras…

Experimentábamos todo aquello como parte de nuestra vida, y cuando íbamos al cole era normal que el profesor nos preguntase si éramos hijos de Emilio de Villota, a lo que respondíamos encantados, porque molaba mucho que tu padre fuese piloto.

Para libros y filetes

Una pregunta muy habitual que se escuchaba en casa cuando venían familiares o amigos de mis padres era: «¿Emilio, qué quieres ser de mayor?». Emi contestaba: «Piloto de carreras», que era lo que todos aguardaban oír. Lo que no esperaban es que hubiese una respondona María que dijera: «¡¡Yo también quiero ser piloto!!». Se reían, les hacía mucha gracia.

En casa no aceptaban esa postura. «Ninguno de los dos podéis ser pilotos porque en esta casa no se correrá en coches.» Menos mal que Isa ya iba cambiando de idea, porque aunque ella también lo dijo alguna vez, al ser la mayor tenía la batalla perdida. Entonces mi padre repetía una frase que a su vez le había dicho el suyo: «En esta casa habrá para libros y filetes, y se ha acabado la discusión».

Mi padre

Mi abuelo Isidro, su padre, era un hombre austero. Por eso, y por el respeto que antes tenían los hijos hacia sus mayores, mi padre nunca se atrevió a decirle nada respecto a sus comienzos en el mundo del motor. Y mucho menos a pedirle dinero.

Se puso un apodo como nombre, Alcor, y compró su primer coche de carreras, muy justito, pero de carreras, con los cachorros que vendió de su perro y un dinerillo que le dio su madrina, María de Villota, de la que he heredado su nombre.

Mi padre era el pequeño de cinco hermanos, y veía las carreras de coches, su pasión junto con la música, a través de las verjas de los circuitos. Un día me contaba que fue a la curva de un *rally* y los vio derrapar. En ese momento se dijo: «Quiero hacer eso, quiero aprender».

Su historia es tan carismática, tan genuina, que tendría que escribir él un libro para que os la explicase bien. Pero hay una parte que yo no os puedo dejar de revelar.

En la década de 1970, la Fórmula 1 contaba en su parrilla con equipos oficiales y privados, no como hoy en día, que solo hay equipos oficiales. Los equipos privados solían comprar los coches que los equipos oficiales desechaban, es decir, los de temporadas anteriores.

Mi padre decidió que, tras desarrollarse como piloto en España, correría en la Fórmula 1 a nivel internacional y, con la determinación que le caracteriza, se puso a buscar *sponsor*, que por aquel entonces era algo muy raro, y un coche.

Un día, leyendo el *Autosport* (revista inglesa de referencia del mundo del motor), vio que se vendía un Fórmula 1 de años anteriores. Cogió a mi madre, a su mánager y a mi tío Pablo, y se fueron a Inglaterra sin saber muy bien con lo que se encontrarían. Llegaron a un granero en medio de un gran prado verde. Entraron y preguntaron por el Fórmula 1. El inglés, dueño de aquello, les dijo: «Pues por aquí está el alerón, por allí el motor, por allá el chasis». Lo miraron con detenimiento y después de ver que parecía que había tenido un buen uso (a pesar de las condiciones de suciedad y dejadez que lo rodeaba), decidieron hacer un trato con aquel hombre: «Si el coche era capaz de arrancar y rodar en pista, lo comprarían». Y así empezó aquella increíble historia.

El resto es justo que os lo cuente él. Pero lo que os quiero transmitir es que el mundo del motor se mete en las venas por pasión, con una historia de amor detrás, y no como una telenovela de *glamour* y lujo perecedero.

Mi madre

Mi madre, Isabel, ha sido clave en nuestra locura automovilística. Confidente, paciente y generosa con lo que el mundo del motor le ha robado, que han sido muchas horas. Aparte de los nervios, miedos y sufrimientos que le ha dejado.

Durante muchos años, mi madre estuvo sin tener hijos, y los tres llegamos uno detrás de otro cuando dejó de asistir a las carreras de mi padre, donde puntualmente sufría desmayos de la tensión que padecía al ver a su marido competir. Recordad que en aquella época, cada temporada, una media de dos pilotos de las parrillas en las que se encontraba él perdían la vida. Era un deporte mucho más peligroso que hoy en día.

Imaginaos lo que opinaba mi madre de que cualquiera de sus hijos se dedicara a lo mismo: un rotundo ¡no! salía de su boca. Aunque, como mi padre era el que ni siquiera daba pie a la discusión, no hacía falta que ella se posicionase.

Nuestro primer kart

Una noche de Reyes tuvimos la suerte de que a Emilio Jr. le trajeran un kart. En realidad no fueron nuestros Reyes, sino los que nos pusieron unos amigos íntimos de mis padres; pero a la mañana siguiente allí estaba, en nuestro salón.

Era un kart con motor de gasolina, «¡como los de verdad!», decíamos. Y tenía una carrocería abierta, como si fuese un descapotable, con dos plazas, pintado en plata y hasta con faros de cristal. Nunca he visto, y ya tengo una edad, un coche pequeño tan bonito como aquel. Yo tendría 6 años y Emilio, 5. El resto de regalos, como es normal, perdieron protagonismo.

Nos fuimos cerca de casa, a una calle sin salida ni tráfico, a probarlo, y Emi fue el primero en tener el gusto de pilotarlo. Se subió y con mucho cuidado fue acelerando hasta alejarse. Después me tocó a mí y, como es normal, Emilio no quería compartir su kart conmigo. Le hicieron entrar en razón. Yo era un año mayor que Emi, y a esa edad la diferencia se nota considerablemente. Me subí y le di un buen acelerón. A Emi no le hizo ninguna gracia. Yo le oía gritarme. Todo iba muy bien, iba muerta de risa, eufórica, hasta que tuve que dar la vuelta y giré tan rápido que le di un golpe al faro. ¡Menudo estreno! Eso iba a dificultar que Emi quisiera compartir el kart conmigo en el futuro.

Hoy en día, cuando lo recordamos, aún nos reímos.

Tranquila pero... con carácter

Crecimos en un ambiente centrado en los estudios y rodeados de deporte. Emilio jugaba al fútbol, Isabel hacía gimnasia rítmica y a mí me gustaba el tenis, donde estaban mi pandilla e Irene, mi amiga desde entonces, que vino a verme al hospital.

Cuando hacíamos algo sobresaliente teníamos nuestra recompensa, lo más deseado: montar en kart.

Siempre he sido muy competitiva, y no me gustaba nada perder. Al principio jugaba al tenis solo porque me divertía y allí estaban mis amigos, luego empezó a convertirse en algo más importante para mí: quería hacerlo bien, lo mejor que pudiera. Entonces empecé a entrenar entre semana y a acumular cada vez más horas. Jugaba con el colegio y representando a clubes.

A la vez practicaba baloncesto. Sé lo que vais a decir, que soy bajita, y es verdad, pero no se me daba mal jugar de base. Incluso era la más joven de mi equipo, ya que me ascendieron a jugar con las chicas dos años más mayores, donde se encontraba mi hermana Isabel.

En la cancha yo era como su mascota, pero reconozco que tenía bastante mal carácter. Un día una seguidora del otro equipo no paraba de meterse con nosotras. Nos mostramos pacientes hasta el momento en que en una lucha por quitarle el balón a una competidora, esta se resbaló y se hizo una brecha. Me sentí fatal, y cuando le pedí perdón la chica de la grada me llamó hija de… Subí corriendo los peldaños y, a pesar de no ser una niña que decía palabrotas, iba dispuesta a llamarla de todo. Pero cuando la vi de cerca le grité: «Anda calla, que… ¡¡¡eres más fea!!!». Fue el peor insulto que le pude decir porque me salió del alma. Ella me dejó en paz.

Las mayores sabían que era tranquila, pero que tenía mi carácter. Cuidado conmigo.

Papá, esto no es justo

Cumplíamos años y Emi y yo seguíamos erre que erre. Y el patriarca de la familia venga a poner excusas y pegas para evitar meternos el veneno de las carreras.

«¡¿Qué tenemos que hacer para demostrarte que no es un capricho, que lo deseamos de veras?!» Mi padre decía: «Mañana tengo que ir al Cerro del Toro a correr para hacer mi *footing* diario (él seguía corriendo en coches, aunque a nivel nacional). Si queréis ser pilotos, os levantáis antes de la hora de ir al cole y corréis conmigo». A las 7 de la mañana nos despertaba, sin hacer mucho hincapié por si por fin abandonábamos. Emi y yo, a regañadientes, nos vestíamos y nos subíamos al coche. Cuando llegábamos al cerro, todavía de noche, los dos, desde los asientos de atrás, nos mirábamos para ver si bajábamos o nos enfadábamos con él y nos quedábamos durmiendo dentro. Él nos chinchaba: «No pasa nada, es duro, lo entiendo, quedaros durmiendo». Salíamos gruñendo la frase mítica: «Papa, esto no es justo», y nos poníamos a correr.

Justo antes de la meta esprintábamos para ganarle y él nos apretaba al máximo; no siempre nos dejaba ganar.

Quería enseñarnos que no era nada fácil.

Sacando brillo

Emi no era buen estudiante. Hasta tal punto que mis padres, desesperados, le dijeron que si aprobaba todas las asignaturas le comprarían un kart. Isabel tenía que sacar todo notables y yo todo sobresalientes, ya que nuestras medias estaban un punto por debajo.

Isa sacó notable y le regalaron una bici, yo no pude sacar todo «sobres», las mates no eran mi fuerte, y Emi aprobó todas y tuvo su recompensa: ¡¡un kart!!

Pero mi padre no sería nuestro mecánico, como solía ser el caso en aquella época cuando el karting no estaba tan profesionalizado. Debíamos ocuparnos nosotros. Así que Emi y yo hacíamos nuestras *chapucillas* y sobre todo le sacábamos mucho brillo, porque el kart tenía que quedar reluciente cada día después de entrenar. Así que allí nos quedábamos los dos limpiándolo con disolventes y quitagrasas, mientras que la mayoría de kartistas los guardaban y… ¡a otra cosa!

Arranco sola

La pesadilla para los padres (que irremediablemente tenían que ayudarnos) es que los karts de esa categoría no tenían botón de arranque y la única forma de ponerlos en marcha era levantándolos de detrás y, avanzando con ritmo, dejarlos caer cuando llevasen ya cierta velocidad. Las espaldas de los padres sufrían una lumbalgia casi permanente.

Los pilotos más fuertes aprendían a arrancar solos el kart levantándolo ellos mismos y subiéndose mientras se ponía en marcha. Pero yo no tenía suficiente fuerza, y me sentaba fatal cuando me tenían que arrancar otros, como mi hermano Emilio.

Un día de lluvia, recuerdo que estaba haciendo varios trompos por lo delicada que estaba la pista y el poco agarre de los neumáticos que había escogido para hacerme el entrenamiento más difícil. Harta de esperar bajo el agua a que me arrancasen, decidí intentarlo sola. Dejé un poco acelerado el kart para ayudarme, lo levanté ligeramente de detrás (unos 50 kg), corrí al lado y, cuando el kart arrancó, salió disparado antes de que yo pudiera sentarme encima. Se estrelló contra una montaña de arena que había a la salida de una curva.

Desde ese día logré arrancarlo yo sola alguna vez y, según el cansancio que tuviese, hasta más veces, sobre todo… ¡si la pista estaba cuesta abajo!

Enseñanzas a cambio de trabajo

En 1980 mi padre había fundado la primera Escuela de Pilotos en España. Por allí han pasado los mejores de nuestro país, desde Carlos Sainz hasta Pedro Martínez de la Rosa, sin olvidar a los hermanos Gené, Marc y Jordi, y Fernando Alonso, que realizó allí uno de sus primeros test en Fórmulas.

Los días que había cursos fuera del horario escolar Isa, Emi y yo íbamos a ayudar a cambio de un premio por nuestro trabajo: enseñanzas por parte de los monitores. Consistían en darnos alguna vuelta al trazado del Circuito del

Jarama, explicarnos la técnica de trazar curvas y, más adelante, cuando llegamos a los pedales con 14 años, a conducir. Aunque esta parte no era tan emocionante como os imagináis, porque recuerdo que los primeros días me ponían el coche entre dos grandes bidones de residuos del circuito y tenía que sacarlo de allí sin moverlos. Con la poca sensibilidad que tenía al principio con el embrague, se me hacía pesadísimo.

Pero aprendía, y me lo tomaba muy en serio.

Recuerdo un día en el que mi tarea era contar las vueltas de los coches que había en pista y sacarles la bandera para que entrasen en boxes al completar un número determinado de vueltas. Era algo que solía hacer a menudo, pero ese día se puso a llover, bueno, más bien a jarrear, y Pepe, el mecánico jefe, me decía: «María, métete que vas a coger un resfriado». Yo no quería, no fuera a ser que no tuviese mi formación como premio. El boli ya no pintaba y tenía que hacer agujeritos en el papel para llevar la cuenta. Después de un buen rato y tras percatarse Pepe de que no iba a entrar a resguardarme, salió con un casco en la mano: «Póntelo, anda. Al menos no te mojarás tanto», me dijo.

Persigo la vuelta perfecta

Acudí a todos los cursos que pude con la premisa de que al llegar a los pedales del Fórmula Fiesta me dejarían pilotarlo (y cumpliendo con las notas del colegio, claro).

Por fin llegó el gran día.

Al principio iba muy despacio, pero las evaluaciones de los monitores en cada curva eran buenas. Era muy perfeccionista y no aumentaba la velocidad hasta que sentía que dominaba la técnica. Cada vez iba más rápido, aunque lo más importante para mí, mi aspiración, era que todos me pusieran un OK en la curva que examinaban, lo que significaba que lo habías hecho muy bien en cada sitio del trazado. Si lo lograbas, te aplaudían.

Perseguía ese aplauso en cada curso, no era nada fácil hacer una vuelta perfecta.

Mi primera carrera

Cumplí los 16 años y solo había podido participar en alguna carrera de karting sin importancia, de amigos, y en entrenamientos durante el fin de semana.

A mi padre le habían invitado a correr una carrera de karting con expilotos de Fórmula 1 en Cuba (para promocionar allí el deporte del motor), y la organizaba su amigo Fulvio Ballabio. Isa y yo fuimos con mis padres.

La carrera era urbana, por el Malecón a pie de mar, y la expectación, muy alta: mucha gente deseando ver a pilotos como Arturo Merzario, Clay Regazzoni, René Arnoux, etc.

Habría también una carrera telonera en la que correrían pilotos cubanos con otros de La Filière (pilotos becados en un programa francés de jóvenes promesas).

Yo me moría de ganas de correr allí y le insistía a Fulvio para que convenciese a mi padre de que me dejase participar en la carrera telonera con su mismo kart. Cuando ya le tenía casi persuadido, mi padre agotó su último cartucho: «¡Si no tienes ni mono ni casco!». «Pues me dejas el tuyo», le dije yo.

Unos minutos más tarde estaba preparada para correr, si se puede decir así. La foto era graciosa: llevaba el mono de mi padre, que mide 1,80 metros frente a mis 1,63, sin hablar de lo ancho que me quedaba. En el casco metí una camiseta para que pudiese hacer bulto y me permitiese ver a través de la visera, y también pasar desapercibida por el control de seguridad técnico.

Recuerdo hacer los entrenamientos oficiales feliz, como si me hubiese tocado la lotería, pero muy concentrada para hacerlo bien, ya que por fin había tenido mi oportunidad, después de tantos entrenamientos sin ninguna carrera en la que poder medirme.

Al terminar los entrenamientos oficiales (que determinan la posición que ocupa cada uno en parrilla para la carrera) bajé de mi kart y, como esperaba que mi tiempo fuese modestito, me dirigí hacia el final de la línea de salida. Pero menuda sorpresa me llevé cuando mis mecánicos me dijeron: «¡¡¡Nos dicen que llevemos el kart a la primera fila!!! Has hecho el mejor tiempo».

Mi padre se quedó de piedra y mi madre, asustada de ver a tanto kartista cubano confundido por quedar detrás de una mujer.

No estaba nerviosa, no tenía presión. Solo quería disfrutar.

Con el semáforo verde, salí lo más rápido que pude y lideré la carrera hasta ganarla. Fue un subidón, un alivio, una demostración para mi padre y sus colegas, y también allí en Cuba, de que una mujer podía correr en igualdad de condiciones y luchar por ganar su posición. En un circuito o en la vida.

En la segunda carrera yo salía primera, ya que ocupabas posición según los resultados de la primera carrera. Pero esta fue más dura. Disputé la carrera con otros pilotos y, yendo primera, a falta de una vuelta para terminar, me echaron del circuito bruscamente.

Empezaba mi lucha en este mundo aún muy de hombres.

Cuando llegué a Madrid estaba más cerca de poder convencer a mi padre, ya que Fulvio, después de lo que pasó en Cuba, le dijo que tenía talento, que debía apoyarme.

Así fue como Emilio y yo conseguimos correr en más carreras del Campeonato Master Car por Europa.

Queríamos más

Correr por Europa en karts estuvo muy bien y fue un gran paso hacia delante en la lucha que manteníamos para que nuestro padre accediera a dejarnos competir.

Pero queríamos más. Y nuestra oportunidad se presentó por sorpresa.

Un día Emi entró en casa con dos folletos. Se buscaban jóvenes pilotos en España para un programa deportivo muy ambicioso patrocinado por Movistar. Se les prepararía para llegar a la Fórmula 1. Tenía una pinta increíble. Los seleccionados empezarían a disputar el Campeonato de España de Fórmula Toyota, que era la categoría base para correr en Fórmulas de competición.

Emi y yo estábamos alucinados con aquella oportunidad, no porque pensásemos que nos fueran a escoger, sino porque cada día que superásemos las pruebas, sería para nosotros un día más haciendo lo que nos gustaba. Le dije a Emi: «¡Tenemos que apuntarnos!». Y él me respondió: «Ya lo he hecho. He rellenado tu inscripción y la mía».

Valoro mucho lo que hizo mi hermano ese día: no era fácil tener que soportar comparaciones entre ambos todo el día. Sobre todo porque a él lo comparaban con una chica, su hermana, y todos esperaban que me batiese siempre. Y eso yo no se lo ponía nada fácil.

Le comunicamos a mi padre que nos habíamos presentado a esta prueba y dijo que le habían llamado para que formara parte del jurado, pero que al estar nosotros no lo podía aceptar.

El primer día de pruebas eliminatorias nos presentamos 2.500 jóvenes que soñábamos con ser pilotos de Fórmulas y tuvimos el primer enfrentamiento contra el crono en una pista de karts que se encuentra en la N1 de Madrid. Esta primera etapa duró varios días, ya que éramos muchos. No vi a ninguna otra chica.

Pasamos. El siguiente reto sería en el Circuito del Jarama, en coches normales.

Emilio y yo estábamos encantados de tener otro día de motor, aunque estábamos más nerviosos porque el número se había reducido a menos de 50 aspirantes y veíamos el sueño más próximo.

Hicimos la prueba en el trazado del circuito madrileño y lo más duro fue conducir el coche manejando el cambio bien, ya que ninguno de los dos teníamos carné de conducir y la prueba era cada vez más exigente.

Terminado el día, nombraron a los 5 seleccionados para correr el Campeonato de España. Yo era uno de ellos. Aunque como piloto reserva, porque el campeón de España de karting de ese año tenía más palmarés que yo y sería titular.

Entré a formar parte de la mejor escudería española en esos momentos gracias a aquella inscripción que hizo mi hermano.

Emilio se quedó a las puertas; lo hizo muy bien, pero en esa época una diferencia de un año de edad se notaba. Eso no era justo. Así que Emilio encontró un *sponsor* con la ayuda de mi padre y sería mi contrincante ese mismo año.

Soy piloto reserva de Fórmulas

¡No me podía creer que finalmente fuera piloto de Fórmulas!

Estaba eufórica porque, aunque fuese piloto reserva, haría los entrenamientos de toda la pretemporada. Estaba realmente feliz.

El programa era muy completo. Nos hicieron un reconocimiento físico y nos daban clases de mecánica, comunicación hacia los medios y *sponsors* y nos concentraban en los circuitos con los pilotos de las categorías superiores, los que ocupaban los escalones a los que nosotros aspiraríamos. Aprendí mucho.

Dentro del circuito había mucha seriedad, pero al salir pasábamos momentos muy divertidos, era como si estuviésemos de campamento de verano: guerras de agua, pringar a tus compañeros/contrincantes con pasta de dientes mientras dormían, vaciar extintores…

En pista era diferente. La competitividad entre nosotros era tremenda porque siempre te medían con tus compañeros. Y sabíamos que al año siguiente solo dos continuarían su formación con todos aquellos medios.

La pretemporada, que abarca hasta el comienzo del campeonato en abril, llegaba a su fin. Yo deseaba con todas mis fuerzas que tuviese que sustituir a alguno de mis compañeros, por nada grave, una indigestión… Pero que fuese yo quien disputase todo el campeonato, que sería hasta noviembre con diez fines de semana de carreras.

Voy a la guerra

Llegamos a uno de los últimos test del año y mi compañero de equipo, Pablo Alfaro, sufrió un golpe muy fuerte con rotura de tibia y peroné que le impidió seguir corriendo ese año. La piloto reserva, es decir, yo, entraría en su lugar.

Visité a Pablo varios días en el hospital, me sentía fatal porque había deseado tanto que pasara algo que no pude evitar sentirme culpable.

Me dieron mi primer mono para correr el Campeonato de España de Fórmula 1.300 y me fui a la guerra.

Éramos los Fórmulas más envidiados de la parrilla, ya que nuestra escudería era la que contaba con más proyección, y se hacía notar: nuestra equipación era preciosa, los coches diseñados con todo detalle, ingenieros, instructores, no nos faltaba de nada. Claro que en pista, las cosas no eran tan fáciles, éramos el rival a batir, todos querían ocupar nuestro puesto.

Recuerdo hacer un esfuerzo tremendo ese año por estar a la altura, pero me faltaba mucha información, experiencia. Yo preguntaba mucho, pero de saber lo que tienes que hacer a llevarlo a la práctica ya es otra cosa.

Chaval, ¿cómo te llamas?

Llegamos para competir al Circuito de Barcelona. Estábamos a mitad de temporada y yo no iba bien clasificada.

Tenía una curva muy rápida atragantada, allí era donde mis compañeros me sacaban gran parte de la diferencia en el cronómetro. Le pregunté a Dani, nuestro mejor piloto, cómo la pasaba: «Cuarta marcha a fondo», me dijo él, «se va muy justo». Así lo hice: a fondo. Terminé contra el muro que asomaba a la salida de esa curva con un brazo y una pierna rotos, lo que me alejaría de terminar la temporada. ¡Menudo trastazo me dí!

Mi hermana, mi padre y mi amigo Antonio García, uno de los mejores pilotos españoles de todos los tiempos, llegaron allí de inmediato porque me vieron golpearme de lejos.

Mientras me subían a la ambulancia con el casco aún puesto me entró sueño, y un enfermero me levantó la visera y me gritó: «¡No te duermas. Estás siendo muy valiente, chaval! ¿Cómo te llamas?». «María», dije yo. «¡¿Cómo?!», se quedó de piedra.

En el mismo equipo que Emilio

Esa temporada se acabó para mí, y también formar parte de la escudería Movistar. Unos años más tarde, el proyecto de Movistar también se interrumpiría.

Me sentí decepcionada. Yo lo había intentado. Pero las cosas no salieron como yo quería. Además, pasé de ser la niña bonita a que se olvidaran de mí. ¿Cómo podían decirte de un año para otro que ya habían cambiado de idea sobre lo que podrías llegar a ser en el futuro? ¡Iba a demostrarles que se equivocaban!

Tengo que reconocer que utilicé mi accidente para seguir en el monoplaza. «Si no me vuelvo a subir me quedaré con un trauma», le dije a mi padre para convencerle.

Así que corrí una carrera del campeonato regional, menos importante, y la gané en mi categoría. Fue así como al siguiente año disputaría la misma categoría formando parte de Teyco, que era donde pilotaba mi hermano Emilio.

El tenis para mí ya era historia, tan solo me centraba en la gasolina.

En el mundillo del motor creó cierta expectación que los dos hijos de Villota estuvieran corriendo. Y las comparaciones entre los dos hermanos eran constantes, lo que aumentó nuestra rivalidad.

Comenzamos nuestra segunda temporada en el Campeonato de España formando equipo los dos hermanos. Ese año fue muy duro porque Emilio y yo tuvimos muchas disputas en pista y luego nos llevábamos los enfados a casa.

Recuerdo muchos viajes de vuelta cada uno sentado en una ventana del coche, con mi hermana Isa en medio para poner paz, mientras mi padre no nos dirigía la palabra después de ver el espectáculo que daban sus hijos en pista chocándose entre sí.

También pasamos momentos divertidos, y esos nos los procuró, en gran parte, ir con los medios justos para competir. Si rompíamos una mangueta, no se cambiaba, se soldaba, nosotros mismos vinilábamos parte de nuestro coche, ayudábamos a cargar... Eso hizo que hubiera un ambiente especial en el box.

Recuerdo una noche en el Circuito de Jerez: estábamos trabajando en el Fórmula y necesitábamos construir un nuevo acelerador más ancho. No teníamos material para hacerlo y se nos encendió la bombilla. Para acceder a la pista había una rampa de metal para evitar que los Fórmulas tocasen el suelo o se quedasen empanzados. Fuimos allí y nuestro mecánico partió un trozo con forma de acelerador. Cada vez que nos tocaba entrar en pista y veíamos el agujero que dejamos, nos partíamos de risa.

Ese año nuestro principal competidor fue Movistar. Ellos lo tenían todo, y nosotros apenas lo justo, pero en la carrera del Jarama logré ganarles e hice mi primer pódium en esa categoría. Saboreé la venganza en plato frío, como solíamos decir mi hermano y yo en broma.

Escudar a Emilio

En el año 2000 me proclamaría subcampeona de España de la Fórmula Toyota con el equipo Meycom. Ganó Juan Antonio del Pino, que era mi compañero.

En la última carrera del año, en la que yo ya no podía hacer más que quedar subcampeona, deseé haber sido compañera de equipo de mi hermano Emilio y haberle podido escudar para haber subido los dos al pódium.

Es de las únicas cosas que dejo pendientes del mundillo del motor.

Fórmula 3

Ascendí de categoría, a la Fórmula 3, y mi relación con mis amigos se hizo más lejana.

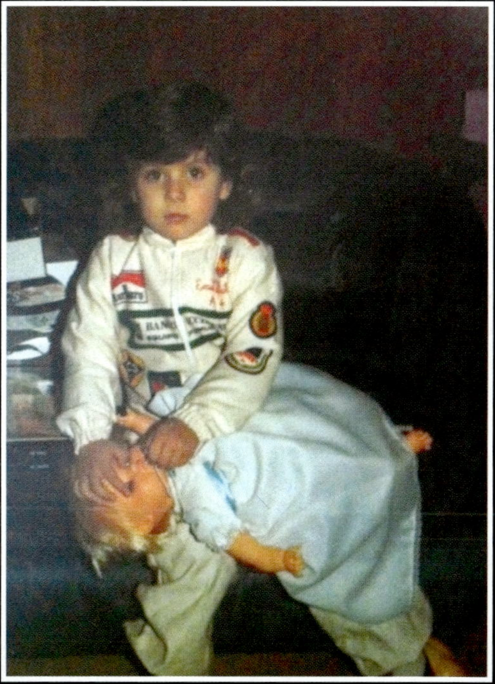

Con mi mono de piloto, réplica del de mi padre,
y jugando a las muñecas. 5 años.

Subida en el Fórmula 1, 1980.

Con Isabel en la fiesta de disfraces del colegio, 1986.

Entrenando con Emilio en kart, 1995.

Fórmula Toyota, Circuito del Jarama con Teyco, 2000.

Compartiendo equipo con Emilio en Teyco.

Primera mujer en ganar en el Circuito de Cheste.
Con Adrian Vallés en el pódium, 2001.

Trabajando con mi ingeniero en Mugello,
para las Ferrari World Finals, conseguiríamos la pole, 2005.

Primer pódium de una mujer en España en la F3, 2005.

Saliendo primera en Monza. Ferrari Challenge, 2006.

24 Horas de Daytona, durante uno de mis turnos de noche, 2004.

En Spa, durante la carrera de la F3000, 2008.

Victoria en Assen del Campeonato Alemán de Turismos, 2007.

WTCC (Mundial de Turismos)
en el Circuito Ricardo Tormo, Valencia, 2007.

Campeonato de Turismos en Alemania, junto al campeón Franz
Engstler y quien me estrelló en la última carrera, 2007.

Pilotando el F3000, 2008.

Cambio de ruedas en la carrera de la Superleague Fórmula con el Atlético de Madrid, Monza, 2009.

En la parrilla de salida en el Circuito de Navarra, 2010.

Superleague Fórmula, en Nürburgring, cuarto puesto, 2010.

Foto con mi primer mono de Fórmula 1
y mi casco diseñado para esa ocasión, con la estrella.

Concentrada antes de salir a pista a cumplir mi sueño,
a los mandos del R29 de Lotus.

En Montmeló, pilotando el Fórmula 1 R30, octubre de 2011.

Sé que todo va a ir bien, tengo un presentimiento.

Foto del Gran Premio de España de Fórmula 1 2012.
«EI», las iniciales de mi familia, Emilios e Isabeles.

Día en el que arranca mi futuro en la Fórmula 1. Presentación a mis compañeros de viaje en la Puerta de Alcalá, 2011.

Una mujer entre hombres. Haciéndome un hueco en la Fórmula 1 como piloto de pruebas de Marussia F1 Team, 2012.

Trabajando en el siguiente escalón. Correr en Fórmula 1 en 2013.

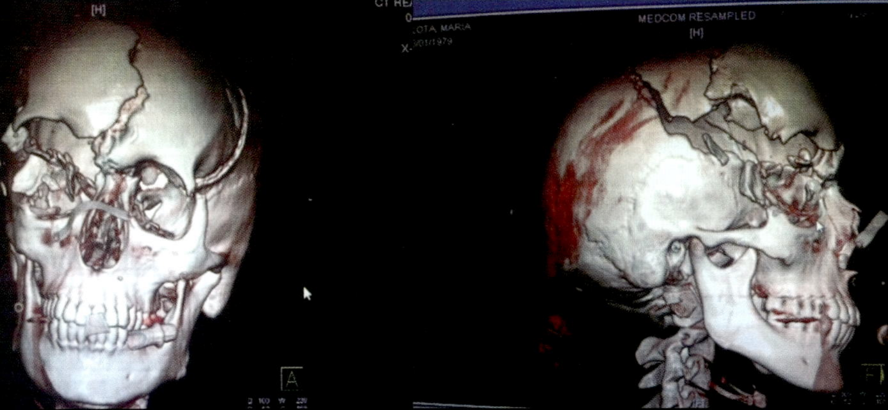

Imágenes antes de entrar al quirófano, 3 de julio de 2012.

Segundos antes de mi accidente en Inglaterra.

Segundos después de mi accidente.

El cariño y entrega de una madre hacia su hija.
Felices en Santander.

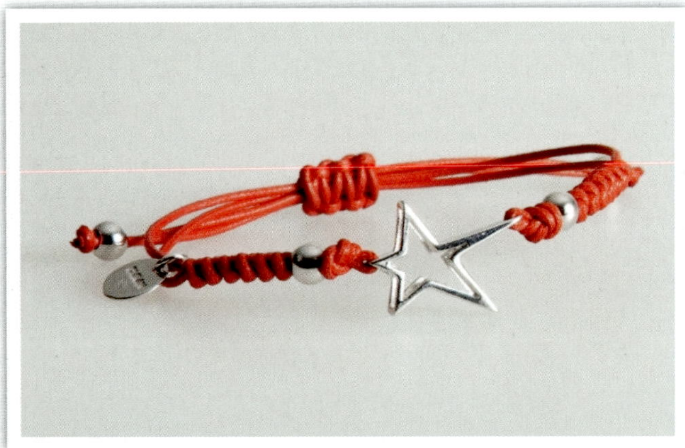

Pulsera solidaria de Durán cuyos fondos se destinan
a la Fundación Ana Carolina Díez Mahou.

Gran Premio de España de Fórmula 1 2013, por la recta del Circuito
antes de la carrera con un llamamiento a la seguridad con la FIA.

Con Rodrigo en la boda de Emilio.

3 de julio de 2013. Mi cumpleaños en la Fundación Ana Carolina Diez Mahou.

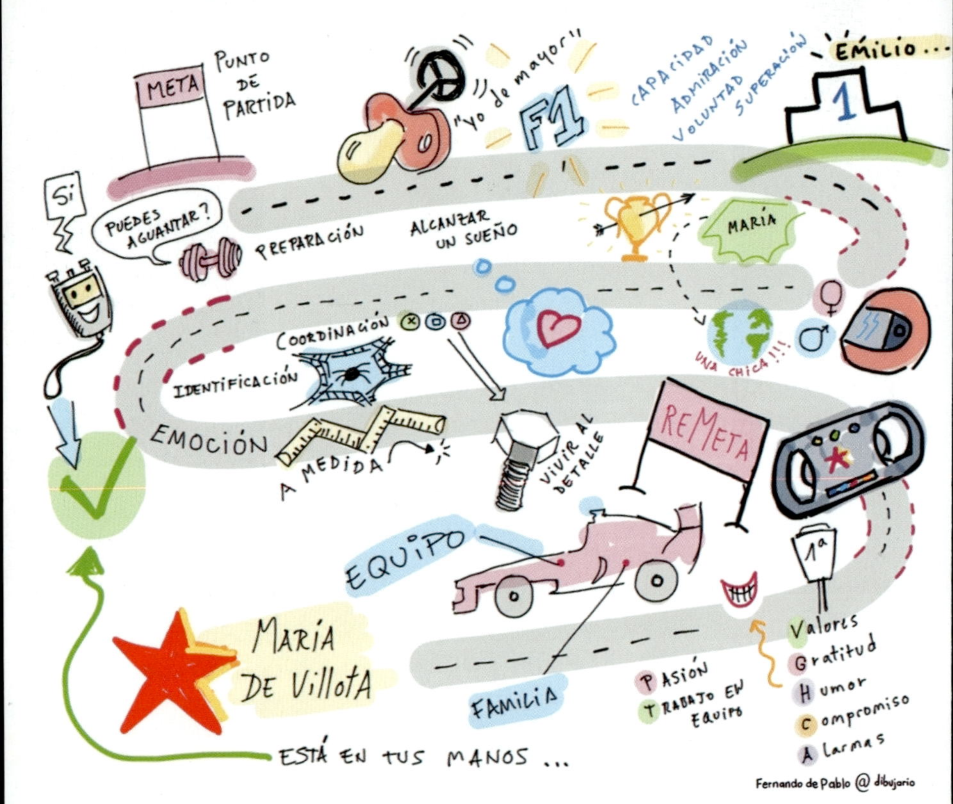

El dibujo de mi primera vida.
Ahora escribiendo y viviendo la segunda.

Solo veía coches, carreras, entrenaba en el gimnasio cada vez más intensamente y estudiaba INEF para poder aprender sobre mi preparación física como piloto, ya que si quería llegar a la Fórmula 1, ese sería mi talón de Aquiles.

Mis amigas, Carmen y Paloma, me pasaban sus apuntes y me presenté a muchos exámenes casi obligada por ellas, ya que en ocasiones no me daba tiempo de estudiarlos como debía. En INEF los alumnos son conocidos casi por los deportes que practican, como mi amiga Carmen, que para todos era la marchadora. Yo no hacía mucha referencia a los coches porque me daba un poco de vergüenza al ser un deporte elitista, pero al final acabé siendo «María, la de los coches».

En mi primera temporada en Fórmula 3, apenas entrené un día entero. Conforme subes de categoría se hace más difícil entrenar, puesto que los presupuestos que te exigen para competir son más elevados.

Existe la idea de que tú corres con el dinero de las escuderías, pero no es así hasta que te conviertes en uno de los mejores pilotos del mundo. Incluso en la Fórmula 1, muchos de los pilotos tienen que proporcionar sus patrocinadores.

Así que yo tenía que aportar mis patrocinadores y para ello me tiraba horas frente al ordenador preparando propuestas de patrocinio y visitando a conocidos, o conocidos de amigos, para intentar encontrar el apoyo necesario para seguir corriendo.

Mi primera temporada pasó desapercibida y en la segunda ya lo hice mejor.

La Miss, la piloto y... mi madre

Cada vez que llegaba al circuito me abstraía, flotaba, me concentraba. Era como si me encontrase buceando en una piscina donde no se oye nada.

Una vez, en ese estado de concentración en el Circuito de Cheste, llegaron de la organización a mi box (zona donde se encuentra la escudería) y me dijeron que al terminar la carrera querían hacerme unas fotos con una Miss que estaba allí para promocionar la carrera. Yo asentí sin hacer mucho caso y escuché a mi madre decir: «Pero, hombre, es verano, María va a terminar la carrera despeinada y sudada, ¿no se puede hacer antes?».

Mientras estaba dando la vuelta hacia la parrilla de salida, noté que algo me pinchaba en el bolsillo de mi mono, pero ya estaba atada y lista para el semáforo verde. Me molestaba bastante. «¡¿Qué tendré ahí?!» pensaba.

Comenzó la carrera y me olvidé de ello. Pero al terminar, nada más quitarme el casco, metí la mano en mi bolsillo y con todo mi asombro vi que había llevado... ¡un peine! Mi madre desde lejos me hacía gestos con la mano: ¡me estaba diciendo que me peinase! No me lo podía creer. Me partí de la risa.

Puede que yo no sea tan coqueta como mi madre, pero la verdad es que mi mundo, mi pasión, me absorbía tanto que se me olvidaba hasta comer.

No voy a rellenar la parrilla de nadie

Al final de mi segunda temporada de Fórmula 3 me devoraba la idea de no haber podido batir en ningún momento a mi compañero, Borja García, un piloto con mucho talento. Yo, ese año, había puesto toda la carne en el asador, y me sentía estancada.

Me costaba mucho correr, asumía mucha responsabilidad con los patrocinadores que creían en mí y, a diferencia de otros pilotos, yo seguía llevando el peso de mis carreras, no mi padre o un mánager.

La temporada había terminado y le hice una petición muy importante a mi jefe de equipo: le dije que quería probar el Fórmula 3 de Borja porque necesitaba saber si su coche iba mejor que el mío. Él me aseguraba que eran iguales.

Si el coche de Borja no iba mejor que el mío, entonces dejaría los coches. Yo no quería estar allí para hacer la parrilla de nadie. Quería estar para evolucionar y ganar.

Hay veces que salen coches mejores que otros; no es algo deliberado, pero los chasis o los motores pueden tener diferencias mínimas que inciden en los resultados en pista.

Domingo me dijo que si Borja asentía me dejaría. Borja, y esto se lo agradeceré siempre, estuvo de acuerdo. Él probaría mi coche y yo el suyo. Sería en el Circuito de Valencia.

Ese día me desperté y por un momento sentí que no quería hacer esa prueba: si no mejoraba mi tiempo con el coche de Borja estaba ya dispuesta a reconocer que había llegado a mi límite, y si era así me despediría de mi mundo, mi pasión.

Salimos a pista y dimos poco más de 10 vueltas. Yo hice mi récord personal y Borja fue más despacio con mi coche. ¡Menudo alivio!

Merecía seguir persiguiendo mi sueño porque me había demostrado a mí misma que no estaba estancada. El año siguiente continuaría luchando. Ese día me sirvió para reforzarme, para no perder la confianza que durante ese año, por el coche, flaqueó.

La siguiente temporada correría con el mejor equipo sobre el papel. Iría a por todas.

Me quito la escayola para seguir en la carrera

La primera clasificación de la siguiente temporada fue la mejor: hice tercero en los entrenamientos oficiales a unas milésimas de Borja García y Manuel Gião, piloto que se disputó con Fernando Alonso la Fórmula Nissan.

Ese iba a ser mi año. Había conseguido fichar por la escudería con mejores resultados y solo desayunaba, comía y merendaba coches.

La temporada no fue como yo esperaba. Un accidente en un lance de carrera terminó con una operación en mi mano izquierda. Disputé la última carrera del año quitándome la escayola y con mucho dolor para que no subieran a nadie en mi coche.

Solo mi ingeniero, conocido por todos como Papí, sabe lo que sufrí ese fin de semana. Él sabía que no me subía la visera para comunicarme con él porque no quería que nadie me viese llorar.

Mujer en la pista, mujer en el box

A menudo me preguntan si es difícil ser mujer en el mundo del motor. Para mí, si hago balance de mi carrera deportiva, ha sido mucho más difícil fuera de la pista que dentro.

Me explico. En la pista yo he sabido defenderme sola. Sí, siento que muchas veces hay pilotos que han luchado conmigo por una posición mucho más de lo que la hubieran peleado con un hombre. Sí, también sé que me podrían haber ahorrado algunos accidentes. Pero yo tenía herramientas para luchar por mi sitio. Con el casco y subidos en un coche, teníamos las mismas oportunidades.

Sin embargo, el trabajo dentro del box es más difícil. Un piloto tiene que ser líder de su equipo y sentirse así dentro de él. Si todo tu entorno te ve con otros ojos, la química para ganar no se dará. Y esta es la parte más difícil. Poder liderar y lidiar con un grupo de hombres que no cree en ti, ya que probablemente piensa: «Y esta rubita, ¿qué va a hacer aquí?». Y cuando, gracias al crono y a tu carácter, consigues cambiarlo y logras esa chispa, entonces cambias de categoría.

Y otra vez empiezas de cero.

Empiezo a correr en Europa

Logré mi primer pódium en la Fórmula 3, y fui la primera mujer en conseguirlo en España, en 2004.

Ese mismo año corrí las 24 Horas de Daytona, una de las carreras que más he disfrutado de toda mi vida y en la que nos clasificamos, con mi compañero y amigo Luis Monzón, novenos de nuestra categoría. Allí, en Daytona, él intentaba convencerme de que dejara los Fórmulas para continuar mi carrera deportiva en los GT (Grandes Turismos como Ferrari, Porsche, Aston Martin, etc.), ya que era más fácil encontrar apoyos y contratos dignos como profesional con los fabricantes.

Pero yo seguía empeñada en seguir pilotando Fórmulas, ya que la sensación que tenía al pilotarlos era diferente: más primaria, más bonita, más pura. Sin embargo, mi temporada en la Fórmula 3 iba muy justa de patrocinio.

El automovilismo español no era lo que es hoy gracias a Fernando, Pedro, Marc, Jaime (Alonso, De la Rosa, Gené y Alguersuari), y costaba mucho tener difusión y seguir adelante.

Entonces me pasó algo totalmente inesperado y que ha ocurrido en distintos momentos de mi carrera deportiva. Y es que en los momentos en que me veía más al borde del precipicio –o, más bien, lo que yo sentía entonces que era el precipicio, que no era otra cosa que dejar de correr–, me surgía una oportunidad inesperada.

Estaba con mi novio, que se convirtió en mi marido más adelante, y recibí una llamada de fuera. Alguien preguntó por mí al otro lado del teléfono, hablaba inglés, pero se notaba que no era su lengua nativa; era austríaco y se llamaba Karl. «María, te hemos visto en Daytona, queremos que corras con nosotros en la Ferrari Challenge Europa, vente para acá que tenemos una buena propuesta.»

Me dio mucha pena dejar la Fórmula 3, sentí que no había podido rematar, pero necesitaba seguir corriendo, y en Europa y con este nuevo contrato mis futuras temporadas estaban aseguradas.

Nacho, ya entonces mi marido, me acompañó a algunas carreras, pero los test de temporada, donde estaba sola, se me hacían bastante duros hasta llegar a los circuitos europeos, donde sí que me sentía como en casa.

Nunca me ha gustado estar sola, y menos viajar sola. Recuerdo varias veces conduciendo de noche por Europa para llegar al hotel más cercano al circuito donde trabajaría y vivirlo con bastante angustia.

Una vez, camino del Circuito de Monza y por un retraso de mi vuelo, se me echó la noche encima y me quedé sin batería en el móvil. Hace diez años no tenía navegador y las gasolineras estaban cerradas. Llegué a la puerta del circuito italiano y sentí miedo al no tener adónde ir. Aparqué el coche y cerré los pestillos dispuesta a dormir allí. Media hora más tarde, sin poder conciliar el sueño, probé a encender mi móvil y funcionó. Llamé al hotel y me indicaron cómo llegar. Estaba cerca, menos mal.

Siento el rechazo por ser mujer

La siguiente temporada repetiría con la escudería austríaca, y mi compañero de equipo evitaría que me subiese al pódium en el Circuito de Spa tras luchar ambos por una posición que, finalmente, no conseguiría ninguno.

Me resarcí haciendo la pole en Monza. Entre todos los ferraristas conseguí la pole (el mejor tiempo en clasificación) en las finales mundiales disputadas en Mugello, y fui, otra vez, la única chica.

Me dio un empujón de confianza y saboreé cierta venganza, puesto que recuerdo que uno de mis contrincantes, después de hacerme una maniobra sucia en carrera, me dijo: «Eres rápida, pero aún tienes que aprender de mí». Ese día, desde su coche, solamente vería la parte trasera de mi Ferrari.

El año en el que sin duda he sentido más el rechazo por ser mujer fue el siguiente, cuando corrí el Campeonato Alemán de Turismos. Recuerdo que cuando entré a la primera reunión de seguridad de pilotos, todos estaban muy contentos por tener una mujer, y española, en la parrilla.

Las primeras carreras me clasificaba un poco más atrás. Me sonreían y eran agradables.

Pero cuando empecé a visitar el pódium, la españolita ya no les hacía tanta gracia. Su actitud cambió hacia mí, y solo los pilotos con más confianza en ellos mismos no me veían como una amenaza.

Mi propia escudería, Maurer Motorsport, me cogió respeto en cuanto llegaron los resultados, pero esa temporada aprendí algo importante para conseguirlo.

En una carrera en el Circuito de A1-Ring tuve que retirarme por la misma avería que nos había surgido en la prueba anterior. Se acercaba el final del campeonato, necesitábamos sumar puntos para conseguir la segunda posición en la clasificación general y no podíamos regalarlos repitiendo fallos.

Llegué furiosa al box, algo que no es muy habitual en mí, ya que me gusta transmitir buen rollo en el trabajo. Ese día cerré las puertas de un portazo y, muy seria, les dije a mecánicos e ingenieros que no me importaba perder puntos por cosas inesperadas, pero que si íbamos a fallar en lo que ya sabíamos que podíamos fallar, no estábamos dándolo todo. Y yo en la pista sí que lo estaba dando. Me fui del box como no me habían visto nunca.

Unos días después, mi ingeniero, Peter, uno de los mejores ingenieros que he tenido nunca, me dijo: «Me gustó que dieses ese portazo, María. Es una parte como piloto que no debes perder. A veces eres demasiado buena».

De rabia, me saca de la pista

En la última carrera de la temporada hice el mejor tiempo de clasificación bajo una lluvia intensa. Un piloto que iba quinto en el campeonato y al que saqué ese día más de un segundo dijo que yo le había impedido a propósito que él realizase su vuelta rápida. Yo no me jugaba nada con él, iba segunda del campeonato. Le picaba tanto que le ganase, que fuese mejor que él, que hasta puso una reclamación a mi coche para que fuera revisado. Mi coche estaba en regla y él, de la rabia que tenía, me dijo que si me encontraba en la carrera me echaría de la pista.

El día de la prueba me jugaba mi posición contra un BMW y me encontré de nuevo con mi amigo el machista cuando faltaba solo una vuelta. Me iba a proclamar subcampeona. Le adelanté pero me empotró en la siguiente curva y dejó también su coche seriamente dañado. Perdí la segunda posición y quedé tercera de la clasificación general.

Bajé del coche y quería pegarle, tenía sangre en la boca al morderme del impacto por detrás. ¡Qué estúpido! Mi coche estaba destrozado. Nunca le volví a ver. No fui a la entrega de premios a recoger mi trofeo. No le daría el gusto de verme tercera.

Espero que hoy lo haya superado. Puede haber mujeres que sean mejores piloto que él.

De Alemania, al final, me llevé un buen aprendizaje para la puesta a punto de un coche, mucha lucha de cuerpo a cuerpo que me forjó en pista y, respecto al idioma, poco os puedo decir, porque el dialecto de mi equipo era imposible, así que aprendí a decir lo mínimo para sobrevivir: hola, adiós, piloto, todo bien y filete (y ni siquiera sé cómo se escriben).

Stop and Go

En 2008 me separaría de Nacho. María seguía siendo coches y él tenía otros objetivos. No nos entendimos. Yo seguía absorta en mi mundo y cada vez estábamos más alejados. Duré poco. Fue un Stop and Go. Los dos sabíamos que nuestro futuro tenía caminos diferentes.

Entrenar, correr, viajar

Llegaron unos años deportivamente duros. Corrí para un equipo italiano de Ferrari en el Campeonato de España y me embarqué en un proyecto con Chevrolet que no fue lo que esperábamos. Me mudé a un loft en Madrid y mi vida era entrenar, correr, viajar.

Un día, en el Circuito de Cheste, tenía que correr en el nuevo V8[3] que estaban desarrollando para mí. Rompimos motor en los primeros entrenamientos y el fin de semana se acababa para mí. Estaba tensa. El año no iba bien. Y esa noche sentí un pinchazo en mi cuello. Pasé la noche en vela y a la mañana siguiente tuvieron que inyectarme un calmante para poder levantarme de la cama. Tenía una pequeña hernia cervical, probablemente producida durante alguna carrera anterior y que hasta ese día, en el que yo

3. V8: tipo de motor utilizado en distintas categorías de competición automovilística.

temí de nuevo por mi futuro deportivo, no se había manifestado con dolor.

Me convencieron para correr la carrera de la Fórmula 3000 en el Circuito de Spa. Ese coche es uno de los más exigentes que he conducido en mi vida. Corrí junto a Pastor Maldonado con un dolor de cuello agudo y un cansancio tremendo por la dureza del circuito. Recuerdo que en la curva de Eau Rouge, que es una curva preciosa y una de las más bonitas de todos los circuitos del mundo, me tiraba tanto el cuello por la velocidad y los G laterales[4] que se me abría la boca.

Después de terminar séptima dije: «Esto no me vuelve a pasar a mí». Empecé a aumentar mis horas de gimnasio, de dos a cuatro aproximadamente, y a trabajar más de cerca con los fisios para evitar lesiones.

Con el Atlético de Madrid

Y, como os decía antes, en otro momento crítico de mi futuro deportivo la vida me dio otra oportunidad.

En España se estaba promocionando un nuevo campeonato llamado Superleague Fórmula. En esa competición no había escuderías, sino equipos de fútbol. Los pilotos que formaban parte de su parrilla eran seleccionados por el orga-

4. G laterales: fuerza de aceleración que experimenta un piloto en un monoplaza.

nizador del campeonato y las condiciones para correr eran muy buenas. Pero lo mejor, para mí, era el pepinazo que montaba aquel pesado chasis con un V12 de 750 caballos que sonaba como los ángeles.

Fue el piloto Andy Soucek quien propició que me hicieran una prueba. Y me cogieron para correr el campeonato bajo los colores del Atlético de Madrid, ¡mi equipo! No me podía ir mejor.

Tantas horas de gimnasio hicieron que me ensanchara, me hice más fuerte. Pero incluso con tanto entrenamiento las carreras de la Superleague se hacían muy duras, no solo para mí, sino para todos los pilotos, ya que, a diferencia del Fórmula 1, este coche no tenía dirección asistida y eso lo hacía muy duro de conducir.

Corrí la temporada meticulosamente tratada por varios fisios y un *coach*, Ángel Burgueño, que me ayudaría a sacar lo mejor de mí dentro del coche.

No os podéis imaginar lo duro que era. Recuerdo que Ángel, piloto muy considerado del mundo del motor, le dijo al organizador que si era una broma, ya que un día al probar a mover la dirección se quedó asustado de lo dura que era.

En una de las carreras más exigentes del año, en el Circuito de Portimão, luchaba por hacer todas las vueltas a fondo, de la curva de entrada a la recta principal. Me costaba tanto sujetar el volante, por su dureza y mi cuello dolorido, que empecé a ayudarme apoyando el brazo en el chasis para hacer palanca. Terminé la carrera y, unas horas después, me asusté al ver cómo todo mi brazo se había hinchado y se había puesto morado. Dentro del coche no sufría tanto, no me daba cuenta. Solo quería correr.

La carrera de la Superleague que más disfruté, sin duda, fue la del Circuito del Jarama. Corría en casa y muchos amigos vinieron a verme.

De las dos finales que teníamos, la primera no me fue bien por un problema de frenos. Recuerdo estar en la parrilla y ver a mi mecánico inglés gritar: «¡¡Fuego, fuego!!». Los frenos ardían literalmente y mi ingeniero me dijo: «Si quieres, corre. Pero no sabemos si vas a tener frenos». Consulté a Ángel qué hacer y recuerdo que me reía porque la situación era tan grotesca: yo en Madrid, con los colores del Atleti, y... los frenos ardiendo; no me salió otra frase que: «¡Vaya tela!». Y ahora nos reímos cada vez que lo recordamos.

La segunda final fue muy bien, quedé séptima en una carrera muy difícil con Giorgio Pantano, vencedor de la GP2 de ese año. Lo celebré con todos mis amigos como si hubiese ganado un Mundial.

La mejor clasificación que lograría en la categoría sería cuarta en el Circuito de Nürburgring y sexta en Magny-Cours.

Pero, tras estas temporadas de tanto esfuerzo físico, técnico y entrega al cien por cien, más que una clasificación yo había ganado una certeza: estaba convencida de que estaba preparada para pilotar un Fórmula 1.

Que lo diga el crono

Llegué a un acuerdo con un mánager en 2011 y me dio la oportunidad de poder reunirnos con Bernie Ecclestone en el Gran Premio de Valencia de esa temporada.

Me enfrenté al camión de Ecclestone sabiendo que solo tendría esa oportunidad para comunicarle mi intención y que sería uno de los momentos que recordaría toda mi vida, ya que podía situarme más cerca del sueño que había acariciado durante mis 30 años: pilotar un Fórmula 1.

Esperaba en el exterior a la hora citada y la puerta de su camión se abrió como por arte de magia. Por dentro era elegante, sobrio. No se escuchaba el ruido de fuera.

Bernie me preguntó con voz baja qué quería. Le respondí que quería pilotar en la Fórmula 1. Después de una pausa de segundos que a mí me parecieron minutos, me preguntó si estaba preparada. En ese momento sabía que mi respuesta debía convencerle. Pensé que un «Sí» rotundo saldría de mi boca, pero quizá todo lo que tenía de rotundo lo tendría de simple o insuficiente. Entonces le contesté: «Sí, estoy preparada, pero quien debe decirlo es un cronómetro. El cronómetro no entiende de sexo». Reflexionó unos instantes e hizo una llamada de teléfono. Llamó a Eric Bullier, persona al mando del equipo Lotus Renault, y dijo: «Te avisaremos, estate preparada, pero vamos a llevar esto en *low profile*, es decir, que nadie se entere».

Al salir de aquel camión me costó digerir lo que había pasado. ¿Era verdad? ¿Me subiría a un Fórmula 1? ¿A quién se lo podría decir? Celebré con mi mánager la noticia y nos pusimos manos a la obra.

No sabía cuándo llamarían. Programamos varios test en GP2[5] para estar en forma y durante un mes trabajé con un entrenador, Gerry Convy, que había preparado a otros pilotos de Fórmula 1 como Hamilton, Montoya, Paul di Resta, para que me curtiese de cara al test y a las pruebas físicas previas que me haría el equipo de Fórmula 1.

Parecía que estaba en otro mundo. No pensaba en otra cosa. Mi casa estaba llena de dibujos, de apuntes, anotaciones de detalles que memorizaba de cara a mi entrenamiento y al test. En el gimnasio doblaba las sesiones: mañana y tarde, y cuidaba mi nutrición de una forma muy meticulosa.

El secreto eres tú

Finalmente la primera coordenada: visita al equipo de LRGP[6] para las pruebas físicas y de asiento. ¡Qué ganas! Quería estar ya allí. Aunque… hubiese deseado ir sola: la tensión que se respiraba en mi entorno por mi mánager era casi insoportable, sus exigencias eran cada vez más intensas y a mí me costaba encontrar espacio para saborear todo aquello. Solo encontraba el alivio y la tranquilidad cuando me

5. GP2: competición de automovilismo, categoría previa a la Fórmula 1.
6. LRGP: equipo de Fórmula 1 Lotus Renault Grand Prix.

subía a un coche, o en mi familia y amigos. Pero ellos no sabían qué me pasaba.

Una de las noches, en vela por la presión a la que estaba sometida, mi padre me descubrió entre lágrimas y me dijo: «María, no tienes que hacer nada que no sepas. El secreto eres tú». Esa frase, que ha sido mi fuerza en momentos de flaqueza, aquella vez me parecía insuficiente. Había que tomar decisiones difíciles, y no quería comentarlas con él para intentar quitarle hierro.

Alrededor de la Fórmula 1 hay mucha ambición, y nada es fácil. Me dijo también que él confiaba en las decisiones que fuese a tomar, que confiaba en mí.

Prefiero no entrar más profundamente en este tema, ya que lo considero parte del pasado. Pero recuerdo esa época, antes de subirme al Fórmula 1, como los peores meses de mi vida.

Al hilo de esto, no puedo evitar contaros una anécdota de la familia. A pesar de que mi padre dice que cuando yo me subía a un coche de carreras le transmitía eso, confianza, él siempre hacía lo mismo cuando Emilio y yo salíamos a pista: rezar. En casa, tanto mi padre como yo tenemos la creencia de que si rezas sin pensar lo que dices no lo haces de corazón, y el de arriba puede no escuchar tu oración. Así que un día, justo antes de una carrera, se puso a rezar sin darse cuenta de que tenía el walkie, que le comunicaba con todo el equipo, abierto. Como se desconcentraba en su rezo, tardó varias repeticiones hasta terminar. Cuál fue su sorpresa cuando al decir: «Y líbranos del mal», escuchó varias voces del equipo respondiendo al unísono: «¡¡AMÉN!!».

Y todos rieron entre vergüenza y risas de mi padre.

Por primera vez una mujer a sus mandos

Llegó el momento de ir a Inglaterra, donde se encuentra la sede del equipo con el que Fernando Alonso se proclamó por primera vez campeón del mundo.

Ese primer escalón hacia mi test en la Fórmula 1 tenía dos objetivos importantes: el primero, pasar las pruebas físicas de Lotus Renault, y el segundo, hacerme el asiento.

Llegamos a las oficinas donde se encontraba el equipo y, tras una pequeña conversación con parte de sus miembros, pasamos a la acción. Me dieron mi ropa del equipo, un mono negro y dorado, que es el más bonito que he tenido nunca, unas zapatillas a juego y unos guantes que me quedaban algo grandes. Me dijeron que antes de empezar podía pasar a cambiarme, y tengo que reconocer que nada más ponerme el mono me miré varias veces al espejo, sin prisa.

El mono de carreras para un piloto es como un traje de luces para un torero, marca una parte de tu vida, una historia, un logro. Llevar puesto aquel mono con los colores negro y dorado que tanto habían conseguido en el mundo de la Fórmula 1 me hicieron sentir muy afortunada y me acercaban a la realidad de mi sueño. Empezaba a cumplirse.

Ya vestida, nos dirigimos a una parte de la nave donde se encontraban los Fórmula 1 de la temporada anterior, el modelo R29.

Todo a mi alrededor era de un blanco impoluto, parecía que me encontraba en un laboratorio farmacéutico en vez de en un taller por su limpieza y organización meticulosa. En el centro, el protagonismo lo acaparaban ambos bólidos. Y a su alrededor, mecánicos uniformados de negro trabajaban en la preparación para subir, por primera vez, a una mujer a sus mandos.

Saludé a todos y me quedé con sus nombres. Bob fue con quien sentí más empatía, era el más veterano del equipo, pero el resto también se mostraron agradables y centrados en lo que allí nos había reunido.

El asiento

Me pidieron que me subiera al Fórmula 1 para hacerse una idea de mis medidas. En su interior tenían un asiento de Nick Heidfeld, piloto que había corrido para ellos; sus medidas podían parecerse más a las mías. Una vez dentro me deslicé hacia abajo y dijeron: «Creo que eres demasiado pequeña incluso para hacernos una idea con este asiento. Tenemos que empezar de cero».

Hacerme el asiento en todos los coches de carreras que he pilotado en mi vida ha sido tarea difícil porque, como en este caso, el interior del chasis (estructura que da rigidez al

Fórmula) me quedaba muy grande y llevaba mucho tiempo lograr que me encontrara sujeta y adaptada en su interior. Y, aun así, muchas veces no se conseguía perfectamente.

Adaptar los coches de competición a las mujeres

Creo que una de las cosas que se deben hacer, y harán en el futuro, es adaptar los coches de competición a las mujeres. No estoy diciendo ninguna locura.

El grosor del volante: yo tengo las manos más pequeñas que las de un hombre y me cuesta más poder agarrarlo con fuerza si apenas puedo hacer pinza entre mi dedo pulgar y el anular. En consecuencia, estoy operada de los dos pulgares por lesión en la articulación.

Los pedales: tienen una longitud para un pie de hombre, luego yo, con mis pies pequeños, tengo que hacer mucha más fuerza, ya que los presiono a la altura de la base, donde hay menos palanca. O si no, debo pisar arriba del todo subiendo mis pies para llegar a ese punto, lo que hace que tenga que pilotar con los pies en alto durante toda la carrera, con el desgaste físico en la zona abdominal y lumbar que eso supone.

Los cinturones de seguridad: no contemplan adaptación para mujeres en los anclajes más bajos, que resultan bastante incómodos. Por no hablar del arnés en la zona superior, que te oprime el pecho.

Podría seguir con una larga lista, aunque no es donde quiero llegar, ya que gracias a la profesionalidad del equipo

Lotus Renault y al buen hacer de sus mecánicos, consiguieron adaptar el Fórmula 1 muy bien, tanto que me hicieron sentir que aquel coche, finalmente, sí, ese Fórmula 1, estaba hecho para mí. Y no solo mi cuerpo se sentía acoplado en su interior, sino que mi cabeza captó también este mensaje.

La Fórmula 1 no era solo para hombres. Yo empezaba a sentir que encontraba mi sitio.

Tardamos varios días en tener este trabajo perfectamente hecho, más de lo que el equipo esperaba en un principio, así que tuve que visitar la fábrica de nuevo, pero quedé totalmente satisfecha.

Las pruebas físicas

Las pruebas físicas se hicieron en las mismas instalaciones, en un gimnasio que tienen en la parte exterior, y allí Daryl se ocuparía de mi test.

Estaba bastante nerviosa, era la primera vez que un equipo de carreras me hacía unas pruebas físicas. Sentía que había llegado en forma, había trabajado mucho para ese momento, pero siempre te queda la duda de si lo harás bien.

Hice varias pruebas de fuerza/resistencia, realicé el mayor número de repeticiones posible levantando pesos y luego proseguimos con una prueba de resistencia máxima que la haría en un remo. En las semanas precedentes, el remo se había vuelto mi mejor amigo, pasaba a su lado más tiempo del que pasaba con nadie. Finalizamos con análisis médicos y una prueba de reflejos.

Todo había ido bien. ¡¡Prueba superada!! Podría pilotar el Fórmula 1.

Una cuestión de entorno

Desde pequeña, cada vez que ascendía de categoría, escuchaba la frase: «Va a ser muy duro para una chica». Pero luego la adaptación llegaba y solo había que trabajar físicamente más horas que los chicos. Así que para mí esa frase ya había quedado obsoleta. Además, había estudiado INEF para saber todo lo posible al respecto. Y había corrido con un Fórmula de 750 caballos frente a los 850 del Fórmula 1, sin dirección asistida. Estaba segura de que, físicamente y después de todo el trabajo dedicado a mi entrenamiento, podría pilotarlo.

Para mí, si una mujer no estaba compitiendo en ese momento en la Fórmula 1, no era porque físicamente no pudiésemos, sino porque nuestro entorno no es favorable.

«Como no sabían que era imposible, lo lograron»

El día que me licencié en Ciencias de la Actividad Física y Deporte estaba escuchando el discurso de graduación mientras que el resto de mis compañeros no prestaba mucha atención, pensando en la fiesta que habría luego. Aquella mujer en su atril se dirigió a nosotros y empezó diciendo: «Que no os corten las alas», refiriéndose a que nadie nos limitase frente a nuestros sueños. Prosiguió: «Que no os llamen locos», frase con la que me sentí tremendamente identificada, ya que aún se sigue percibiendo como una locura que una mujer quiera pilotar en la Fórmula 1. Pero, además, para terminar y como si estuviera dirigiéndose solamente a mí, remató: «Como no sabían que era imposible, lo lograron».

Giré la cabeza y con la mirada busqué a mis padres entre tanto público. Sabían lo que yo sentía en aquel momento. Sabían que esas palabras parecían escritas para mí. Mis ojos a duras penas aguantaron las lágrimas.

El día por el que has esperado toda tu vida llega

No había pasado mucho tiempo desde la reunión con Ecclestone; dos meses y ya estábamos citados en el Circuito de Paul Ricard para hacer la prueba «secreta».

La tensión con mi mánager había aumentado tanto que ya no nos dirigíamos la palabra. Había tomado esa decisión. Llevaba solo trabajando con él tres meses, y, es cierto, la oportunidad me había llegado de su mano, pero yo llevaba toda la vida esforzándome para este día y no me lo iba a amargar. Para que esto no ocurriera, directamente no me dirigía a él.

Mi padre vino al test a petición mía. Él no quería, decía que era mi día, que no quería que la Fórmula 1 pensase que yo había llegado hasta allí por él. Pero yo quería compartir con él aquel momento. Le dije: «Si no vienes y no lo puedo compartir contigo, no podremos revivirlo». Así que accedió, a pesar de la negativa de mi mánager. Y no os podéis imaginar lo bien que me siento de haber tomado esa decisión. He pasado mucho tiempo sola. Los triunfos son muy gratificantes. Pero si los vives solo, no valen nada. Repito, nada.

Era 3 de agosto de 2011 y llegué al circuito muy temprano.

Lo tenía todo organizado desde el día anterior. Mi mono estaba preparado y doblado en el interior del camión del equipo con el resto de mi vestimenta, el casco y las bebidas isotónicas. Cada detalle estaba milimétricamente medido. Llevaba una pomada que me ponía en las caderas y en la clavícula para no sentir los moratones que me haría el arnés. Y las zapatillas más prietas que tenía para poder sentir bien los pedales.

Me había puesto las lentillas horas antes para poder adaptarme bien en el momento de sentarme en el coche y había desayunado lo que acostumbraba últimamente para asegurarme que nada me sentase mal.

Gerry estaba allí conmigo, me asistiría cuando estuviese dentro del Fórmula 1 con la bebida y me soltaría los músculos en las paradas que tuviésemos.

El test no era una tontería, eran 300 km (la duración de un Gran Premio) y me cronometrarían y verían mi respuesta a las diferentes exigencias del equipo.

Antes de subir yo, ahí estaba Romain Grosjean (piloto de pruebas del equipo en ese año, 2011, y piloto oficial de 2012) para subirse al mismo coche, establecer una vuelta rápida y poder compararnos a ambos.

Me dijeron que él daría unas vueltas a primera hora de la mañana y, mientras, Gerry me llamó para hacer la activación antes de subirme al coche, que consistía en hacer unos ejercicios de calentamiento y saltar a la comba.

Allí estaba yo, encima del box donde se encontraba el piloto que se mediría conmigo en el Fórmula 1, con una comba en mis manos. Empecé a saltar y escuché el motor del Fórmula 1 ponerse en marcha bajo mis pies. Mi corazón dio un vuelco, vibraba, estaba nerviosa. El piloto salió a pista y yo seguía saltando. Me venía bien, la verdad, porque así soltaba tensión, pero pensaba: «Joder, a ver si me voy a cansar mucho antes de subirme al coche». Miraba a Gerry y me decía: «Sigue, María». Así que yo obedecía y seguía saltando.

Para el momento que me habían apuntado, una hora y media después de empezar el otro piloto, bajé al box y tuve un *briefing* con mi ingeniero para ese día. El *briefing* en las carreras es una reunión donde se comentan todos los detalles que se van a llevar a cabo en pista, tanto a nivel técnico como mecánico, y resume las necesidades que tienen del piloto. Aunque un objetivo estaba claro: hacer el mejor tiempo posible.

Antes de subirme al Fórmula 1 dí unos saltos para liberar tensión, choqué con fuerza la mano de mi entrenador, Gerry, que me animó diciéndome que estaba preparada, y le di un beso a mi padre. Sabía que a lo mejor ese beso sería la comidilla de algunos que podrían pensar que era una niña de papá. Pero yo sabía muy bien quién era y lo que había trabajado para llegar a ese instante. En el coche quedaría demostrado.

Me subí al R29 y me volvió esa increíble sensación, como si ese coche fuese mío desde siempre. Nunca me había sentido tan conectada a un coche, ni después de pilotarlo toda una temporada. Y este, con ese contacto, ya me quería lo suficiente.

Cerré los ojos, me santigüé y pensé: «María, es tu momento».

Si pudiese explicar con palabras lo que sentí ese día en el circuito francés pilotando aquel pepinazo, me haría escritora. No tengo la suficiente capacidad para explicaros lo que viví dentro del Fórmula 1 de Lotus. La mezcla de concentración y éxtasis que corrió por mis venas fue brutal. Aquel coche era como si le diese ritmo a mi vida, a mi corazón, a mi euforia. Aceleraba a fondo y sus músculos arropaban mi cuerpo, subía de marchas con mucha velocidad y de una forma insaciable me pedía una marcha más, y otra, y otra. Mi cabeza conectó con su electrónica de tal forma que parecía que me había hipnotizado a sus peticiones. Y cuando frenaba obedecía tan rápido que cada metro retrasado parecía insuficiente.

Poco a poco fui conduciéndolo como él ordenaba. Dejándolo correr por curva, pidiéndole las cosas sin prisa pero sin pausa, al tiempo justo, preciso, haciendo que el juego de mis pies bailara al ritmo del son que él disfrutaba.

Sí, aquel coche era mío, me pertenecía.

Mis tiempos iban bajando considerablemente. Yo sabía que muchos pensarían que a la mitad de la jornada ya no aguantaría, pero ahí estaba. Estaba tan contenta que no sentía cansancio en mi cuerpo. Solo quería comer algo rápido, por obligación, y volver a los mandos del mejor coche que había pilotado en mi vida.

El entendimiento con mi ingeniero fue muy bueno. Me decía lo que quería que hiciera y mis tiempos sonreían a sus peticiones. Me ayudó a que aquel test no fuera una prueba obligada de una mujer en la Fórmula 1, sino que de verdad fuese una oportunidad para hacer un trabajo serio contando con la confianza de todo el equipo.

Me quedé a un segundo y ocho décimas de Romain, e hice mi mejor tiempo con la hora punta de calor del día, 34 grados, y con neumático usado. Me quedaba solo una tanda para terminar y el neumático ya no tenía más que darme. Por la radio del equipo mi ingeniero me dijo: «Buen trabajo, María, ya lo has conseguido, disfruta de tus últimas vueltas».

Euforia, sosiego, tranquilidad, alivio, felicidad, rabia, confianza... No hay palabras para explicarlo. Tantos años contra corriente luchando por algo que parecía no estar en tu mano, algo lejano, loco. Y lo había conseguido.

Bajé del coche, abracé a Bob, a Gerry, a mi mánager y a mi padre. Nos pasaríamos toda la noche hablando de cada curva, cada vuelta, cada detalle. Lo saboreamos y lo seguimos saboreando como uno de los mejores momentos de mi vida.

El siguiente día laborable me llamó el jefe de equipo a mi teléfono móvil: «Buen trabajo, María, queremos que estés con nosotros en la Fórmula 1». Estaba caminando por Madrid, y se congeló el mundo para mí. Lloré en mitad de la calle.

Sabía que mi futuro pasaría por la negociación que mi mánager hiciera con ellos. Pero yo no quería continuar con él, nuestra confianza mutua ya no existía y nuestro trabajo juntos se hacía insoportable.

Me encontré con otra decisión muy importante en mi vida: rescindir su contrato aunque eso pudiese significar perder el contacto con Lotus Renault. Y así fue.

Lo sé, pensaréis: «Qué locura, después de lo que has pasado durante tantos años». Solo os diré que sentí un gran alivio al alejarle y retomar yo las riendas de mi vida.

Cinco meses después, en enero de 2012, firmé un contrato con Mark Blundell, expiloto de Fórmula 1, que cerraría mi acuerdo con el equipo Marussia como piloto de pruebas de Fórmula 1, y, como conté al inicio de este capítulo, me embarqué a vivir mi sueño.

La Fórmula 1

Arranqué mi temporada en la categoría reina intentando pasar lo más desapercibida posible. No quería que nadie se confundiera: yo no era «una mujer en la Fórmula 1», era un piloto más que quería trabajar, aprender, evolucionar para ser considerada piloto de carreras en un futuro próximo. En la temporada 2013.

Pasaba la mayoría del tiempo dentro de la sala con el resto del equipo, estudiando y complementando toda la información que nos llegaba de cada carrera.

No tenía amigos, tampoco buscaba hacerlos, solo trabajaba e intentaba ganarme el respeto de los que allí trabajaban.

En la Fórmula 1 va todo el mundo muy justo de tiempo. A mí me llegaba la información de dónde tenía que estar y lo que tenía que hacer. Y eso es lo que hacía. Cuando tenía alguna duda hablaba con Simon, jefe del equipo, con quien sentí una empatía sincera. Y era así, Simon era el único que me preguntaba de vez en cuando cómo estaba. Es normal, no me quejo, es muy difícil ser considerada en un equipo donde no puedes hacer lo que has hecho siempre en tu vida: pilotar. Pero ese día llegaría.

Debía ser otra vez paciente y esperar al Rookie Test (vulgarmente dicho, test de los novatos de la Fórmula 1), que tendría lugar en julio, momento en el que podría pilotar el Marussia para demostrar otra vez mi valía. Y dar otro paso más.

Mi relación con los otros pilotos era normal, aunque el más joven intentaba hacerme de menos siempre que podía y más de una vez me dejó tirada en el circuito o en el hotel, ya que yo tenía que ir siempre con él en los desplazamientos.

Lo cierto es que estas cosas las recuerdo ahora: allí era feliz trabajando, empapándome del mundo que amaba y alimentando el sueño que estaba viviendo. Tenía otra meta: disputar una parrilla de la Fórmula 1.

Australia, Malasia, China, Bahrein, España, Mónaco, Canadá, Europa... Recorrí medio mundo con el equipo durante cuatro meses hasta que por fin llegó el día en que tomaría contacto con el Fórmula 1 de mi equipo.

No sería un test como el de Paul Ricard de Lotus Renault, simplemente sería un test aerodinámico, es decir, una prueba en un aeropuerto donde solo tendría que pilotar en una recta en ambos sentidos.

Pero al menos era volver a ponerme a los mandos, era recuperar mi lugar, mi sitio, salir del rincón del box donde estaba absorbiendo datos para, finalmente, hacer lo que sabía hacer, lo que había hecho toda mi vida. Para ser ese día la protagonista. Conducirlo para que pudieran evolucionar las piezas del coche que se jugaba su participación más importante en el siguiente Gran Premio, el de Silverstone, unos días más tarde.

Un día más de lluvia en UK

La semana antes del test tenía ganas de ver a mi hermana, con la que tengo una relación muy especial: somos como un pack y nos conocemos muy bien. Así que la llamé y le dije: «Isa, por qué no vienes a Inglaterra, tengo ganas de que estemos juntas», y ella respondió: «Ya lo había pensado, me he cogido el día libre para ir contigo». Me hizo mucha ilusión.

Era 2 de julio de 2012, el día antes de mi test aerodinámico. Cenamos en el hotel, nos pusimos al día y nos reímos de un vídeo muy divertido que nos habían mandado por móvil. Recuerdo que Isabel pidió un plato de carne con salsa que no le gustó nada: era un pastel de carne inglés, a mí me hizo mucha gracia porque una Isa hambrienta no es muy divertida, pero las caras que ponía sí lo eran. Pasamos un buen rato. Qué bien que hubiese venido; si no, estaría sola cenando en aquel hotel, como de costumbre desde que empecé mi trabajo en la Fórmula 1.

A las 6 de la mañana sonó mi despertador. Lo primero que hice fue asomarme por la ventana para ver qué día hacía, aunque ya imaginaba que no sería diferente. Lluvia. Me metí en la ducha con energía y me preparé como si me fuese a un *casting*. Los días que me subo a un coche de carreras me preparo con mucho detalle y con tiempo, como si fuera a recibir un premio, mi premio: coger los mandos del Fórmula 1.

Aunque tenía buena visión (0,5 dioptrías), siempre me pongo lentillas en esos días porque no quiero perder detalle; además, es como pensar que me guardo algo extra. Al ponérmelas veo más nítido y eso, en carreras, me ha estimulado. Incluso he llegado a no ponérmelas hasta entrenos cronometrados pensando que me daría un tiempo más rápido en el cronómetro, como si unas décimas adicionales me aguardaran...

Mi piel estaba un poco morena y tenía las uñas de los pies pintadas de un coral muy brillante. Las de las manos me las había limpiado la noche anterior. Siempre se me hacía raro pilotar con pintura, como si las manos más femeninas no fueran tan eficaces, un complejo, una tontería. Me puse mi colonia favorita, Flor de Naranjo, y fui a desayunar después de dejar mi maleta de mano meticulosamente preparada. Me había hecho experta en no llevar nada de más, pero sí todo lo que pudiese necesitar encima del coche, y estaba todo organizado, todo perfecto, lista para desayunar.

Salimos del hotel sin hacer el *check out* porque pensé que volvería al terminar el test e iríamos a casa de mi mánager, Mark Blundell, a cenar con su familia.

El día anterior tenía que haber quedado todo montado en el aeródromo para el test, pero el equipo no llegó, así que esa mañana habría mucho trabajo retrasado por hacer. A diferencia de mi test con Lotus, el *briefing* tampoco se había hecho con antelación. Y aunque yo había acudido el día previo a la cita con el equipo para preparar todo, ellos no habían aparecido a tiempo.

Llegamos al aeródromo y recorrimos el mismo camino del día anterior hasta llegar a la carpa que habían preparado para hospedar el test. Aparcamos donde el resto de los coches y entramos en el interior.

La carpa era muy grande. Estaba dividida en dos partes: una en la que estaba la zona de trabajo mecánico, con las piezas de repuesto, alerones, fondos planos (suelo del Fórmula 1), y otra en la que estaban los ingenieros con sus mesas y sus portátiles alineados hacia el Fórmula 1, que ocupaba la zona de mayor protagonismo de la carpa.

En una pequeña estantería, dividiendo ambos sectores de la carpa, pude ver que se encontraban mis cascos. Me acerqué a verlos porque uno acababa de ser pintado y ese día lo estrenaría. Estaba precioso, con una visera de espejo en tonos anaranjados. Solo le faltaban dos detalles: el primero es que me gusta llevar las siglas de la gente que quiero firmadas en la parte de atrás; la otra es que ese casco no había pasado por las manos de mi madre, que siempre, sin que me diese cuenta y desde que mi padre corría, ha metido un trocito del manto de la Virgen de la que es devota.

El jefe deportivo, que también se llama Marc, me dijo que ese día llevaría el nuevo, que les venía mejor porque el antiguo tenía otro sistema de radio. A mí no me pareció mal.

Saludé a todos los miembros del equipo y me encantó volver a sentirme piloto. Cuando eres piloto de pruebas pierdes un poco tu identidad, ya que dentro de los Grandes Premios los protagonistas son los pilotos que corren las carreras y sientes que no estás en el lugar que te corresponde, aunque lo llevas de la mejor manera posible hasta que llegue el momento de ocupar ese asiento en parrilla de salida. Pero ese día sí que estaba todo en movimiento para mí. Y me sentía bien, muy bien.

Me fui a cambiar tal y como me indicaron y estrené ropa, puesto que la ropa interior ignífuga llevaba los patrocinadores grabados, a diferencia de la que yo tenía. Me la puse y me gustó su tacto. Mucha ropa ignífuga pica un poco, pero esta era agradable. El verdugo que nos ponemos en la cara bajo el casco tenía el mismo tacto; me gustó porque mi piel es más delicada que la de los chicos al ser más fina y muchas veces se me irritaba la cara después de pilotar.

Isabel me acompañó a cambiarme. No había un sitio adecuado para ello, así que me fui a mi coche de alquiler y lo hice allí.

Al volver a la carpa estaba preparada y ansiosa por tener ese *briefing* que el día anterior no se había podido realizar y que, según el horario, sería a las 8 de la mañana.

La jefa de prensa me pidió que antes del *briefing* atendiera a los medios. No me hizo mucha gracia, quería comenzar el trabajo, pero lo entendí. Me presentaron a la pareja de prensa de Sky que habían invitado para cubrir el test, así como al fotógrafo. Me enfundé el mono hasta el cuello para que se viesen bien todos los *sponsors* y respondí a sus preguntas, amable, pero con ganas de acabar. Quería centrarme en el trabajo aerodinámico de aquel día.

Era la primera vez que hacía un test aerodinámico, conduciría en línea recta, y tenía mucho interés en empaparme de los procedimientos y necesidades del equipo.

Los mecánicos iban de un lado para otro y los ingenieros no levantaban sus cabezas de los ordenadores. Parecía que aún no estaban preparados, así que dos de los jefes del equipo me llamaron para ir a reconocer la pista (simplemente ver de cerca por dónde pasaría yo con el Fórmula 1).

Nos subimos a mi coche de alquiler para este reconocimiento y, por la parte de atrás de la carpa, accedimos a la pista de aterrizaje, que sería donde alcanzaría la velocidad máxima que necesitábamos en la realización de la prueba. Yo conducía. Recorrimos el largo de la pista hasta llegar a un punto de referencia en el que me fijé para dar la vuelta. Paramos el coche y bajamos a ver el punto de giro. Recuerdo que había cerca una caseta y pensé que allí sería donde empezaría a frenar.

La calidad del asfalto no tenía nada que ver con la de un circuito y tenía diferentes rugosidades, lo que haría que la adherencia del Fórmula 1 fuese muy variable.

Volvimos a la carpa y desde su interior me indicaron la zona por la que llegaría con el Fórmula 1 hacia lo que sería mi entrada. No haría una parada en recto, como cuando paran los Fórmula 1 en los circuitos. Su acceso era sinuoso y había sido modificado respecto a lo previsto.

El asfalto estaba mojado, el día era gris y hacía frío. Pensé en poner un *tweet* para compartir ese momento; pero al final no lo hice, quise que fuese solo mi momento, concentrarme, saborearlo y no perderme nada. Solo escribí a la gente que quiero, antes de salir del hotel, por la mañana.

Estaba ansiosa porque el *briefing* se retrasaba. Las cosas no estaban yendo como yo quería. Como cualquier piloto querría. No se estaban haciendo bien. Demasiadas prisas.

«María, prepárate para subir al coche», me dijeron. «No hay tiempo, saldrás primero a pista y luego tendrá lugar el *briefing.*»

Me subí al Fórmula 1, tenía muchas ganas, sí, pero estaba decepcionada. En la preparación va parte del encanto, y sentí que me robaban tiempo para saborear el momento.

Salí de la carpa y pasé la célula del tiempo que te cronometra, aunque esta vez no tenía que hacer ninguna vuelta rápida, solo probar varias herramientas del Fórmula 1 a distinta velocidad. Justo después torcí a la izquierda para ir a la pista de aterrizaje donde haría las pruebas. Aceleré hasta cuarta marcha y luego levanté, con bastante tiempo, antes de frenar. Había mucho spray, me refiero a que la pista mojada levantaba mucha agua, estaba más mojada de lo que creía. Di la vuelta donde debía e hice el mismo recorrido en sentido contrario. Pasé por el camino hacia la carpa donde tenía que parar. Todo era normal hasta que volví a pasar el control de tiempo que se encontraba a pocos metros del lugar donde tenía que efectuar la parada.

Iba despacio, pero desde ese momento recuerdo cada segundo como un minuto. Me dije: «¿Por qué se está acelerando el coche solo? Soy copiloto en un Fórmula 1, creía que esto no ocurría».

Frené todo lo que pude unos segundos y luego alivié para intentar recuperar la dirección de mis ruedas, que estaban bloqueadas y no giraban. No pude, imposible. La falta de tiempo que se dedicó en mi posición de conducción me limitaba el llegar a los mandos que necesitaba. Como consecuencia de ello, tampoco me permitió accionar el embrague. Pulsé el botón de N como último recurso para intentar pararlo. Era como una pesadilla. No respondía a mis demandas.

Cuatro segundos, cuatro segundos hasta el impacto. Lo tengo todo grabado en mi mente. Esa cuenta atrás, cuatro segundos eternos.

Gracias a Dios no recuerdo el momento del impacto.

La vida es un regalo

Tu esencia

Gracias a la existencia del Whatsapp empecé a tomar contacto con el resto de mis amigos. El móvil no lo utilizaba apenas porque me seguía molestando mucho el ruido de una simple conversación telefónica, y para escribir los mensajes en el iPhone me costaba acertar en las letras que yo quería pulsar, pero, al menos, por mis dolores de cabeza, era mejor que hablar.

Recibí en casa a algunos primos, aunque solo a los más cercanos, porque la verdad es que no podía estar rodeada de gente mucho rato. Me costaba hablar, mantener encuentros largos. Me cansaba.

Isabel no estaba conmigo esos días cuidándome, se había ido a Tierra Santa. Mi hermana mayor estaba tan contenta de tenerme con ella que decidió ir a Magdala de voluntaria a dar gracias a Dios por lo que ella dice, así como algunos médicos, que ha sido un milagro: que siga viviendo.

Desde Inglaterra, Christine, que es la mano derecha del doctor Hutchinson, quien me salvó la vida, me mandaba pequeños libros para ayudarme a sobrellevar mi nueva vida, con títulos como: *Cómo llevar tu vida tras un problema neurológico* o *Cómo convive tu familia después de tu accidente*... Y cosas así. Pero a mí no me hacía mucha gracia ponerme con ellos porque yo siempre he pensado que el deporte me ha hecho lo suficientemente fuerte para poder con momentos duros.

Pero, por la insistencia de mi familia, los leía a ratitos y empezaba a poner en marcha las pautas que me daban.

Los leía al despertar de la siesta que me echaba después de comer, y que era algo obligatorio dentro de mi recuperación: «Dormir todo lo que mi cabeza me pidiese».

Debido al impacto que había sufrido en la parte superior frontal de mi cabeza, los médicos temían que mi comportamiento se viera afectado. Por lo que el libro, a través de test, indagaba sobre mi estado de ánimo y me advertía de que podía ser volátil.

Normalmente los capítulos empezaban haciéndome preguntas sencillas sobre mí y me pedía evaluarme del 1 al 5. Luego me decían que tenía que poner en marcha tareas simples que me parecían un poco petardo, como poner post-it por toda la casa recordándome cosas que tenía que hacer o simplemente mensajes de cosas para que no se me olvidaran. Esto lo hacían porque mi capacidad organizativa también podía estar afectada, así que temían que hiciera cosas sin orden, como, por ejemplo, salir de casa en pijama a comprar el pan.

A mí todo eso me hacía mucha gracia porque creo que hacía las cosas con toda la lógica y normalidad esperada de una chica de mi edad; pero sí que es verdad que la cabeza se hacía notar con pinchazos fuertes centrados en la zona achatada por el impacto, y hasta me cansaba hablar después de haber pasado dos meses, que era muy poco después del estado tan grave en el que estuve. Pero mucho para alguien tan inquieta como yo.

Tengo que reconocer que no quise hacer caso de la última recomendación que me hicieron los médicos de Cambridge. No sé si algún día me pasará factura. Ellos querían que visitase a un psicólogo para afrontar mi pérdida y mi nueva vida, pero yo sentía, y siento, que no me hace falta. Me costaría explicarlo, pero percibo que he tenido tanta suerte que más que tristeza siento alegría de estar viva.

Mi familia me creía cuando les decía que no lo necesitaba, pero les preocupaba que mi alegría post-accidente se fuese un día por la mañana y me derrumbase, así que seguían insistiendo de vez en cuando.

Un día, por zanjar ya el tema, dije: «Bueno, qué os parece si voy a ver a Mario (Alonso), que para mí, además de médico, es referencia, y tengo una charla con él. Si Mario me sugiere que debo hacerlo, ir a un psicólogo, le haré caso, si no quedo liberada y que nadie me mande a ningún sitio, ¿vale?». Asintieron, lo que no solo me alivió, sino que me dio la perfecta excusa para compartir y conocer la opinión de una persona a la que admiro profundamente.

Mario siempre tiene tiempo para un amigo, aunque sea una lejana que quiera llamarse amiga, pero que más bien es conocida suya. Quedamos cerca de casa con mi padre, que quería oír la opinión de Mario como profesional.

Después de charlar durante un rato de toda la experiencia y evolución que había llevado hasta ese momento y confesarle desde lo más sincero de mi alma cómo me sentía, Mario me dijo: «María, no soy yo quien debe evaluarte, pero si como amigo y médico me preguntas si debes ir a un psicólogo, después de escucharte te diré que probablemente ayudes tú a más psicólogos que ellos a ti. María, es tu esencia. El accidente ha sacado lo mejor de ti».

Me reconfortó. No solo conseguí evitar más horas de tratamiento yendo al psicólogo, sino que gracias a ese ratito con Mario me llevé mi mejor halago, un regalo de confianza que, en esos momentos, era muy importante para mí. Gracias, Mario.

Mi primera victoria

En casa vivía con Rodri, él me ayudaba al llegar de su trabajo como entrenador personal, y la verdad es que no tenía que hacer otra cosa que descansar. Mis padres, que viven cerca, también se pasaban constantemente, aunque yo les pedía que no se preocupasen tanto; al fin y al cabo, pasaba la mayor parte del tiempo descansando o dormida en el sofá.

Mi madre estaba empeñada en ponerme una pulsera de alerta, como las que llevan los ancianos, por si en un momento crítico me encontraba sola en casa o por si me daba un ataque epiléptico, ya que los médicos me advirtieron de que podría tenerlos y yo nunca había sufrido uno. Pero lograba tranquilizarla con varias visitas al día.

Mis piernas estaban débiles, sobre todo la derecha, que se recuperaba bastante despacio, ya que habían quitado la fascia del músculo para la reconstrucción facial.

Me costaba levantarme y no podía ponerme en cuclillas. Tenía una meta: hacer yo sola la cama. Fue mi primer triunfo. Tenía todo el día para hacerla, no era muy exigente conmigo, pero la terminaba. Y diréis ¡qué tontería!, pero es que mi cama es baja y cada vez que echaba la cabeza hacia delante tenía la sensación de que mi cerebro chocaba contra mi cráneo y me dolía más. Tenía que ir poco a poco. Me costaba horas, pero lo conseguía, y ya que era mi triunfo, mi terreno conquistado de independencia, no dejaba que me ganase la partida al día siguiente. Así, cada día, la volvía a conquistar e iba poco a poco hacia una nueva meta.

El pirata Morgan

Antes de mi accidente, cuando Rodri y yo salíamos a entrenar por el campo, solíamos llevarnos al perro de unos amigos nuestros que se llama Morgan, un Jack Russell, una raza que necesita mucha actividad, y con un año el pequeño de color blanco y marrón ya la demandaba. Él era muy obediente y siempre corría a nuestro lado sin despistarse, pero, al terminar de correr, lo dejábamos en casa de sus dueños, y ese era todo el contacto que teníamos con él.

Uno de esos días largos que me recuperaba descansando sola en casa vino Rodri con una sorpresa: Morgan. Yo no sabía muy bien qué hacer y me inquieté en un primer momento. Le dije: «¡Si no puedo cuidarme yo sola cómo voy a cuidar de Morgan!». Él me respondió que serían solo un par de horas, hasta que él llegase de su siguiente entrenamiento, pero que seguro que me venía bien porque me haría compañía.

Cerró la puerta y se fue. Yo estaba un poco alarmada, pero me tranquilicé cuando vi que el pequeño solo se hacía una bolita a mis pies sin hacer ninguna trastada.

La visita de Morgan esa tarde se convirtió en la visita de todas las tardes, y cada vez me lo dejaban más tiempo. Él me animaba a incorporarme, atenderle o simplemente estar a mi lado cuando yo me encontraba mal. Siempre tranquilo haciéndome compañía.

Los primeros paseos por la calle los comencé para sacarlo, y de esa forma me creé una rutina que cada vez se hizo más larga. Primero de aquí a la esquina, luego dos calles, hasta que un día llegamos al parque a un kilómetro escaso de mi casa.

Morgan se hizo un miembro tan importante en nuestra vida que cada vez que teníamos que devolverlo era un momento triste. Un feliz día, sus dueños, nuestros amigos, decidieron regalárnoslo. Ha sido el mejor regalo de nuestra vida, este pequeño perrillo de siete kilos con mirada tierna y una pinta de cachorro que enamora a todo el que le ve por la calle. Además, ya os he contado lo mejor, por lo que me sentía totalmente identificada con este pequeño: Morgan, como yo, tiene una mancha a modo de parche en un ojo.

Visita al oftalmólogo

Toda la recuperación cerebral y craneal estaba siguiendo su curso, pero todavía había cierta incertidumbre respecto a las secuelas de mi órbita ocular, así como sobre el estado de mi ojo izquierdo, pues el daño fue más allá al romperse los huesos hacia dentro en el impacto.

La mayoría de expertos en oftalmología, así como unos amigos cercanos, nos recomendaron y ayudaron para acudir a la cita del centro especializado de referencia en España. Llegamos a Oviedo sin saber muy bien qué esperar y pidiendo que me asegurasen que mi ojo izquierdo se encontraba en buen estado.

Fuimos toda la familia y Rodrigo, y no tuvimos mucha información respecto a mis posibilidades futuras, ya que había perdido el nervio frontal, lo que impedía tener sensibilidad en toda la frente o movimiento en el párpado. Todavía era todo muy reciente y tendría que esperar unos meses en los que me vería un médico americano que es toda una eminencia en el campo. «María, eres el caso más grave que ha pasado por aquí, junto al de otro conocido valiente. Poco podremos hacer, pero vuelve en unos meses», me dijeron.

A continuación me realizaron unas pruebas para comprobar el campo de visión de mi ojo izquierdo, así como las típicas pruebas que te hacen para ver si te han aumentado las dioptrías. «Todo está bien, tu ojo izquierdo está sano»… ¡Uf, qué alivio!

Un acto de amor por la vida

De vuelta a Madrid, Rodri y yo paramos en Santander y estuvimos en casa de mis padres el fin de semana. Entre paseos y charlas en la terraza siempre se nos colaba un «deberíamos quedarnos aquí a vivir, qué bien se está, qué tranquilidad».

Cuando la vida te da un revés y piensas en todo lo que podrías haber perdido, cada frase de este tipo que sale de tu boca tiene que ser dicha con cautela, porque corres el riesgo de cumplirla o ponerla en marcha. Es como el típico «no hay huevos» de los chicos. Pero en este caso no es un alarde de valentía, sino un acto de amor por la vida, de realizar lo que realmente sientes y quieres hacer, y que no se quede solo en un sueño.

Después de salir la frase de mi boca, Rodri dijo: «¿Y por qué no nos venimos aquí? Santander ha sido clave en tu recuperación, aquí tienes menos ajetreo, más tranquilidad, siempre dices que te encanta». Yo pensé: «¿Por qué no?», aunque me daba terror abrir un nuevo capítulo en ese momento. Los médicos seguían pidiéndome descanso y yo no quería acelerarme. Pero, es verdad, ahora es el momento en el que escuchas más a tu intuición y tomas las decisiones más valientes.

Miraríamos casa en Santander, algo pequeño, para los dos, pero sería un primer paso.

Pintalabios rojo

Madrid empezaba a coger inercia en mi vida. Los paseos con Morgan y mis tareas en casa aumentaban de ritmo.

Era el momento de hacer una cena de las que a nosotros nos gustan, en casa, con toda la pandilla. Me apetecía, sí, tenía ganas de verles a todos. Había evolucionado, me sentía mejor, estaba más tranquila sobre mi aspecto, aunque seguía evitando el espejo. Pero estaba más animada para recibirles.

Parte de ese mejor ánimo, aunque solo un poco, se lo debía a mi pelo. Desde el accidente, con la cabeza rapada, mi imagen se me hacía durísima y, en cuanto me dejaron teñirme el poco pelo que me había crecido, fui directa a la peluquería. Pasé por un montón de colores. Del rubio más dorado al más claro pasando por el pelirrojo, pero finalmente el más blanquecino fue el definitivo.

La noche que todos vendrían a casa parecía que me iba a preparar para una gala, aunque mi vestimenta iba a ser un vestido-jersey, muy de casa (mezcla entre pijama y vestido muy afín a mi estado). Me quise maquillar por primera vez. Hasta ese momento, Gracia, una amiga esteticista, me había estado tratando las cicatrices con masajes y cremas dermatológicas, algo de lo que yo me hacía cargo, ya que el seguro del equipo no se responsabilizó de mi accidente.

Pero aquella noche quería darle color a mi vida.

Cogí la crema recomendada por los dermatólogos para cubrir mis cicatrices. La unté y la extendí por todo el rostro. Hasta ese momento no me había tocado la cara con aquella naturalidad, siempre lo hacía con mucho cuidado, como si me fuese a llevar las costras por el camino. Me gustó el resultado, su rojez se atenuaba.

Me puse rímel en mi ojo izquierdo, y no lo pinté más porque soy incapaz de hacerlo con un solo ojo. Pero, al terminar, me faltaba un poco de alegría, de color. Cogí de mi tocador una barra de labios roja que me había comprado en Inglaterra mucho tiempo antes y solo me había puesto una noche con mis amigas. Era tan chillón que me daba hasta apuro llevarlo. Me los pinté, y… era verdad, ¡era un rojo tan vivo que parecía fosforito!

Pero me gustó. Resaltaba mi sonrisa.

Rematé con mi parche favorito y cuando fui a coger los zapatos de la parte más baja del armario me di un buen golpe en la cabeza. Vuelta a la realidad. Había medido otra vez mal la distancia y me había dado en la frente con la puerta izquierda del armario dando a Rodri un buen susto. «¿Estás bien? ¿Qué ha pasado?», gritaba desde la otra punta de la casa mientras venía apresuradamente. «Sí, sí, me he vuelto a dar con el armario en la cabeza, pero no te preocupes, que como no lo siento no me duele», sonreí. «¡No se trata de eso, amor!», refunfuñó, «tienes que tener más cuidado, vas a hacerte marcas en la frente». ¿Y qué podía hacer yo? Me costaba calcular, y no vi, como es de entender, la puerta a mi derecha. Fui al espejo, quizá me saliera un chichón, pero al menos no se me notaba por el momento.

Estaba lista para recibirles.

Lo que más recuerdo de aquella noche son dos cosas. La primera, los abrazos tan sentidos que me dieron en la entrada. Ellos no querían emocionarme, querían darle espontaneidad al momento para que la situación no fuese muy dura y nos conmoviese nada más empezar, pero fueron geniales.

La segunda es que aquella noche en la que cada uno trajo algo para evitarme esfuerzos fue una noche más. Como si no hubiera pasado nada. Les conté todo lo que vosotros habéis leído hasta ahora con algún detalle más que solo es confesable en la intimidad con quienes te han vivido.

Y nos reímos, nos reímos muchísimo. Fue una noche espectacular.

12 de septiembre. Carta a mi familia

Yo me llamo María de Villota por la madrina de mi padre, que se llamaba así: María de Villota. La madrina, así conocida por todos, se había ganado ese apodo porque era una mujer tan buena que parecía la madrina de todos.

El mejor piropo que me han dicho nunca es que me parezco a ella, porque no he conocido a una mujer más generosa, más sonriente, más positiva y, lo que es más difícil, serlo después de haber tenido una vida durísima, en la que se quedó huérfana muy pequeña y viuda muy joven.

Mi santo es el 12 de septiembre y pensé que era la mejor ocasión para reunir a mi familia en un restaurante y poder finalmente verles a todos. Por parte de mi padre son cinco hermanos: Luisa, Pablo, Enrique, Javier y mi padre, el pequeño. Y por parte de mi madre son siete: Enrique, mi madre Isabel, Teresa, Lucía, Juan, Antonio y Concha. Casi todos tienen varios hijos, así que nos reunimos un buen grupo a merendar. Contarles a todos todo lo vivido en aquellos meses era imposible. Además, siendo tantos, mi cabeza andaba justa, pero les leí una carta que les había escrito para ese día

Y aquí os escribo parte de ella:

CARTA A MI FAMILIA:

Dicen que viví cinco días de mi vida en estado crítico.

Yo no los recuerdo, pero sí tengo claras tres cosas de «mi mundo» en esos días.

La primera es que mi mente me transportó, al Gran Premio más importante de mi vida y aguanté todo lo que pude con sufrimiento.

No lo hubiese podido soportar, y de aquí mi segundo recuerdo, si en mi casa no se hubiese respirado la educación del esfuerzo y la perseverancia enseñada por mis padres y practicada desde pequeña a través del deporte. A pesar de estar derrotada, escuchaba voces que me animaban, y yo seguía aunque mi cuerpo quisiera descansar en ese preciso instante.

Pero lo que marcó mi revivir de este viaje y lo más importante, sin duda, fue que yo sabía que mi familia me esperaba. Sabía que estaban al otro lado del cristal y sabía que ellos me querían. Y yo deseaba ir a su lado.

Unos días después, una enfermera de la UCI me confesaba que en casos como el mío, la relación entre el paciente y sus seres queridos es vital para el éxito de las intervenciones.

Mi lucha por demostrar que merecía un sitio en la Fórmula 1, la educación recibida desde niña y sobre todo vuestro amor es lo que me salvó la vida.

Y, por lo que me dice mi hermana Isabel, que vivió cada segundo de mi accidente y recuperación como un milagro, sabemos que todas las oraciones, energía y fuerza de todos los que me las mandasteis llegaron a destino.

Lo mejor ahora está por vivir.

Y no puedo explicar con palabras lo que siento cuando veo cómo me miráis, que pensabais que ya me iba y ahora os veo cada día.

Otro día de mucha emoción. Mi cabeza se quejaba cada vez más y no tardé mucho en irme a casa. Fue un día digno del Santo de la Madrina. A ella le hubiera encantado vernos a todos juntos.

Mi estrella

A pesar de que los médicos me recomendaban que me diera tiempo para recuperarme sin estrés, había algo que sabía que tenía que hacer, y sentía que tenía que hacerlo sin esperas. En ese momento, llamé a Arancha, mi representante, y le comenté si podía hablar con Durán Joyeros, con quien teníamos un contrato de colaboración, para poner en marcha un proyecto muy especial. Una pulsera solidaria.

Antes de mi accidente era una posibilidad que estaba encima de la mesa, pero entre las prisas y la falta de tiempo entre Gran Premio y Gran Premio se había quedado aparcada. Al salir aquel día del entierro del pequeño Javi, sabía que ese debía ser el primer paso, y si a Durán le parecía bien, quería que los fondos de esa pulsera fueran a la Fundación Ana Carolina Díez Mahou, fundación que se ocupa de niños que tienen enfermedades neuromusculares mitocondriales, conocidas como enfermedades raras, y que tras llevar menos de un año funcionando necesitaría de toda la ayuda posible.

Durán no tardó en contestar que le parecía una gran idea.

Llamé a mi primo Javier, que tras la pérdida de su hijo se había armado de valor y se había puesto al frente de la Fundación para ayudar a otros niños y sus familiares a tener la mejor vida posible dentro del profundo dolor que conlleva esta enfermedad.

Quedamos en la Fundación con Javier, Ana Patricia, que es su presidenta, y otro Javier, también primo mío y parte importante de la Fundación. A mí me acompañaron mi padre y Arancha. Les comentamos la idea que teníamos de la pulsera solidaria y les pareció genial. Sería una buena ayuda para darse a conocer y contar con más medios para los chavales.

Hablamos de cuál sería el mejor destino de lo recaudado, que en este caso sería el total de la pulsera gracias a que Durán solo quiso recuperar el coste de la misma. De forma unánime decidimos dedicarlo a las sesiones de fisioterapia especiales que hace que estos niños sufran menos dolor y puedan mejorar su movilidad en el transcurso de la enfermedad. Su principal trabajadora sería Alba, la dulce y guapa fisioterapeuta que llevó el tratamiento y cuidado de Javi.

Salimos de aquella reunión contentos, sintiendo que eso había pasado porque tenía que ser así. Que Javi, desde el cielo, había propiciado todo aquello y que a su padre le daba un pequeño empujón, o más bien una mano a la que cogerse durante su duelo.

La siguiente decisión era cómo sería la pulsera. Queríamos que fuese algo sencillo y yo tenía una idea.

Desde que pinté mi propio casco de carreras cambié muchas veces de colores, y una vez de diseño, pero siempre había una pieza clave en mi casco: una estrella.

Además de gustarme estéticamente, esa estrella tenía un porqué. Siempre he sentido que he sido una chica con suerte, que la vida me sonreía y que a pesar del riesgo de mi profesión tenía estrella para librarme o superar los momentos que podrían haber sido más duros. Por eso protagonizaba el diseño de mi casco, que para un piloto es muy personal.

No era yo sola. Mi familia siempre me comentaba «la potra» que tenía. Incluso mi ingeniero favorito, José Santos, me hacía alusión a ellas cuando veía que las cosas no salían como yo quería: «Mira al cielo, María, sabes que allí está tu pódium. No lo pierdas de vista». Y es verdad, estaba allí, en el cinturón de Orión.

Pues bien, después del accidente llegué a pensar que esa estrella me había dado tanto que quizá me había abandonado.

Pero en el proceso de mi recuperación tan sorprendente me di cuenta de que no, de que allí seguía más que nunca, y que no había mejor símbolo para la pulsera que el de iluminar otras vidas: la de niños y familias que la necesitan más que yo.

Les pareció buena idea, así sería. La pulsera llevaría mi estrella, con sus picos afilados como la mía, ya que era una estrella veloz, una estrella fugaz.

Rubén

Conocí a este gordito de 3 años de expresión sonriente y mimoso un día que fui a la Fundación para ver cómo Alba evolucionaba con los niños.

Visitar la Fundación era de lo que más me reconfortaba en aquellos momentos; salía tan feliz de allí que recargaba pilas para mucho tiempo.

Cuando nos sentimos en baja forma se nos dice que nos demos un capricho, nos tomemos unas vacaciones o vayamos a ver una peli de risa, pero nunca nos dicen que ayudemos a alguien que nos necesita. Creo que nos sorprendería lo que puede cambiar nuestras vidas, lo que nos puede llenar.

Y después de sentir en mi propia piel lo que necesitas a los demás y cómo estamos conectados, busqué como una necesidad básica continuar cerca de quienes de ahora en adelante llamaría mi nuevo equipo.

El primer día que conocí a Rubén estaba apurada por si le asustaría con mi parche. Es verdad que se quedaba un poco sorprendido de que llevase eso en la cara, pero no sentía miedo, parecía simple curiosidad. Aquel día me limité a aplaudir su trabajo y a acompañarles un poco en lo que les pudiese ayudar en la rutina. Ese día Rubén no me daría un beso. Pero otro día sí que me lo dio y hasta balbuceó algo que se parecía a mi nombre.

No os hacéis una idea de lo que significó para mí.

Diagnóstico de La Paz

A pesar de haber hecho un viaje a Cambridge con mis hermanos para tener mi revisión con los médicos que me operaron, seguía el mismo procedimiento en La Paz, puesto que si en el futuro tenía algún problema, serían ellos los que tomarían las riendas por cercanía a igualdad de profesionalidad.

Llegué al hospital madrileño para una reunión prevista con todos los médicos que tenían que realizarme el seguimiento. Entre ellos se encontraban mis médicos favoritos, los Casado, padre e hijo, el doctor Carceller, al que conocería en esos días, y los oftalmólogos.

Tenían noticias que darme y había que tomar una decisión importante: «María, no nos explicamos que estés tan bien, tu evolución es asombrosa, pero si nos remitimos a lo que vemos médicamente, hay algo que tendríamos que mejorar». El doctor Carceller prosiguió: «Las cinco placas que tienes en la cabeza están perfectamente puestas. Hicieron una operación muy dura y con muy buen resultado en Cambridge, pero nos preocupa una parte que aún está desprotegida en el lateral derecho de tu cráneo. Tienes un agujero de unos ocho por dos centímetros y, aunque puede que no pase nada en el futuro, también puede darse el caso de que tengas algún día una hernia cerebral, y no queremos dejar eso así».

¡Vaya, eso era un jarro de agua fría! Querían operarme en unos meses, antes de Navidad, y de esa forma asegurarse de que en un futuro no tendría problemas. Aprovecharían esa operación para resolver el espacio de la órbita ocular, mejorar mi apertura de la boca, que también se había modificado por el impacto, e intentar colocarme la frente más simétrica, ya que estaba vencida hacia adelante.

«No tendrá nada que ver con lo que has pasado, pero ya sabes los riesgos de cualquier operación de esta envergadura», me dijeron.

Otra vez pasar por el hospital, otra vez raparme la cabeza, otra vez perder la fuerza que había recuperado, otra vez...

Hay una frase del doctor Casado que me caló. Mi padre le preguntó: «Si fuera su hija, ¿que haría?». Él simplemente respondió: «Yo creo que las cosas hay que hacerlas bien. Operaría sin duda». Me gustó aquello, yo siempre digo lo mismo: «Las cosas, si se hacen, hay que hacerlas bien». Así he intentado trabajar siempre en la Fórmula 1, con detalle, no haciendo las cosas de cualquier forma. Al doctor Casado y su hijo les gusta hacer las cosas como a mí, aunque yo solo corría, y ellos, junto con el doctor Carceller, salvan vidas.

Fotos

Me llamó mi primo Eduardo, que es el director ejecutivo de la revista *Hola*, y me dijo: «María, nos han mandado unas fotos tuyas saliendo del hospital de La Paz con tus padres. Si quieres no las publico, pero es verdad que la gente te ha querido mucho y les gustará saber cómo evolucionas».

Me dio pánico pensar que podría aparecer en unas fotos de una revista. Me agobié mucho, aunque también sentía que tenía que dirigirme a todo el mundo que había rezado, que se había interesado, que me había mandado fuerzas y que nos había respetado a mí y a mi familia durante aquellos duros días.

Algún día en la puerta de casa había tenido un *paparazzi*. Me asustaba que me pudiera ver al ir a pasear a Morgan, porque mi imagen con parche todavía era muy dura para mí.

No quería que me sacaran en ningún sitio, aunque sabía que tarde o temprano lo harían.

Quedé con la hermana de Eduardo, Mamen, a tomar café, y le contamos, Isa y yo, todo lo que había ocurrido y mi estado de salud.

Mamen, que es una buena escritora, me dijo: «María, me encantaría publicarlo. ¿Qué te parece?». «Me asustaban las fotos.» «Hacemos lo que quieras, pero estaría bien que la gente te viera. Ya estás mucho mejor.»

Uno de sus fotógrafos, Andrea Sabini, se ocupó de hacerme unas bonitas fotos que salieron publicadas la semana en la que yo quería agradecer todo el cariño recibido. Aquellas fotos me ayudaron a afrontar aquel día.

4 de octubre. Mi primera rueda de prensa

No podía dormir.

Desde el accidente mi sueño ha cambiado radicalmente. Antes dormía como un tronco; ahora tengo pesadillas con aquel día y me muevo mucho en la cama apretando la mandíbula fuertemente.

Pero lo que aquella noche me quitaba el sueño era pensar en el día siguiente, día en el que tendría lugar una rueda de prensa con todos los medios por primera vez tras aquel 3 de julio.

Seguía tumbada e insomne en la cama pensando en lo que la gente diría de mi aspecto. También me preocupaba que el parche se pudiese mover y dejara al descubierto mi operado injerto en el párpado inútil.

Me daba miedo que alguien me preguntase por el día del accidente y volver a recordarlo allí, delante de todos, con los temblores que eso me propicia. Además del hecho de que no puedo hablar del accidente porque existe una investigación abierta por el Health and Safety Executive, organismo inglés que depende del Gobierno y que investiga los accidentes de riesgo laboral.

Pensaba en qué decir. En cómo actuar. Me pasé toda la noche en vela.

A la mañana siguiente me vestí con una chaqueta azul que iba a juego con mi parche favorito y me puse un poquito de tacón para estar lo mejor posible.

Fui con mi familia y con Rodrigo al Consejo Superior de Deportes donde tendría lugar la rueda de prensa y donde, paradójicamente, hacía solo unos meses anuncié mi fichaje de Fórmula 1.

El doctor Casado acudiría conmigo para resolver cualquier pregunta médica y comentar mi estado de salud, así como el presidente de la Federación Española de Automovilismo, Carlos Gracia, que había estado más cerca que nunca mostrando un apoyo incondicional a mi familia y a mí misma desde su primera visita al hospital de Inglaterra.

La rueda de prensa arrancó envuelta en un cariño muy palpable. No me podía creer la expectación que había. No cabían en la sala. Un montón de *flashes* disparaban sin parar. Me daba apuro, pero había que hacerlo. Me gustó ver caras conocidas que no había vuelto a ver todavía, como periodistas del motor, los más cercanos en mi trayectoria deportiva: Marco y Raúl.

Comencé dándoles las gracias por todo el cariño recibido. Ese era el principal motivo de reunirles. Y les conté algunos detalles de lo que había pasado durante ese tiempo.

Llegó la pregunta inesperada pero lógica al final de la declaración: «María, ¿qué vas a hacer ahora?».

Era una gran pregunta, pero en esos momentos ni siquiera yo sabía lo que iba a pasar con mi vida. «Solo sé que voy a estar en tres frentes», les dije, «primero los enfermos, que son mi nuevo equipo. He aprendido mucho tras pasar tiempo en el hospital. El segundo es luchar para que la mujer no pierda la pequeña estela que he podido dejar en el mundo del motor (más adelante se concretó a través de la Comisión de la Mujer con Michèle Mouton en la FIA). Y el tercero será la Fórmula 1.» No sabía de qué forma seguiría vinculada a ese mundo, pero lo que sí sabía es que los coches seguirían formando parte de mi vida. Seguía amándolos, eso no había cambiado.

Durante la rueda de prensa me costó que no se me saltaran las lágrimas al recordar en voz alta todo lo ocurrido. Para mi familia y Rodrigo, en primera fila, emocionarse fue inevitable. Nosotros no solíamos hablar de ello en casa, simplemente afrontábamos el presente.

Reconozco que la vez que más me costó aguantar fue cuando mi amigo Carlos Sainz, al que le guardo un gran cariño y admiración, se levantó y me llamó guapa. ¡¡Uf, sí que me costó!!

Ese día recibí un gran número de muestras de cariño. Y por fin... Prueba superada. Me quitaba un peso de encima. La gente, para bien o para mal, ya sabía qué aspecto tenía.

Como os decía al principio de mi libro, yo era piloto. Y soñaba con correr en la Fórmula 1. Aquel día colgaba mi mono, no fue una decisión meditada, fue mi destino.

Ese día dormí mucho mejor.

Vigo. Seguridad vial

Arancha me comunicó que había llegado una petición del Hospital Nuestra Señora de Fátima de Vigo para dar una charla sobre seguridad vial a jóvenes de la ciudad.

El propio hospital estaba escandalizado por la cantidad de accidentes graves que recibían, tanto de coche como de moto, y habían decidido hacer algo al respecto.

Mi próxima operación estaba ya cerca, pero aquella idea me gustó mucho y me dejaría un buen sabor de boca antes de volver a enfrentarme al quirófano, así que confirmé mi asistencia, y a Vigo que nos fuimos.

En la charla participaba la policía local, la DGT de Vigo y un médico traumatólogo del hospital. Yo cerraría las intervenciones.

Toda la información que allí se transmitió a los estudiantes fue muy explícita y detallada, tanto a nivel docente como humano. Las imágenes que proyectó el doctor del propio hospital incluso causaron algún mareo en la sala.

Cuando llegó mi turno puse el vídeo que me habían hecho unos meses antes para anunciar mi entrada en la Fórmula 1 y que no había vuelto a ver. Un vídeo precioso en el que se me veía pilotando. Feliz. Y como remate… allí estaba yo ahora.

El corazón me latía rápido. Pensé que me resultaría más fácil y tuve que confesar ante los estudiantes: «Me ha afectado más de lo que yo pensaba verme en el vídeo».

Cogí aliento y seguí: «Probablemente estéis pensando: "¿qué tiene que ver la Fórmula 1 con la seguridad al volante?" Pues bien, lo más apasionante de la Fórmula 1 es el detalle. El detalle y la excelencia con la que se hace todo. Todo está controlado: el estado del neumático, su temperatura, lo que el piloto hace en tiempo real, cualquier detalle del coche en pista… Y, sin embargo, hay veces, pocas, pero ocurre, en las que algo sale mal».

Prosigo tragando saliva: «En la calle no existe ese control», no podéis controlar las variables, lo que pasa a vuestro alrededor. Conducir ahí fuera tiene mucho más riesgo.

»Me ha costado venir aquí», concluí, «pero habrá merecido la pena si en un momento de vuestra vida, al volante, os hace pensar».

Terminé mi charla con los aplausos de los chavales. Estaban visiblemente afectados.

Me dolía la cabeza. Era momento de volver a casa.

Hospital de La Paz

Me ingresaron después de hacerme varias pruebas por la complejidad que iba a conllevar entubarme, ya que el tubo, con la escasa apertura de la boca que tenía, no entraría.

Llegué a La Paz con sábanas colgadas de las habitaciones y mensajes en todas las paredes reclamando la sanidad pública. Con la medicina que tenemos en nuestro país sería una pena perderla, pensaba, aunque, por otro lado, no me inspiraba mucha confianza operarme una semana en la que podría haber huelgas.

Mi ingreso fue muy rápido y en poco tiempo ya estaba tumbada en una cama esperando para entrar en el quirófano. A mi lado una señora aguardaba, como yo, con el gorrito verde, bastante nerviosa. Maldita sea, pensaba, otra vez aquí.

Escuché la voz de César Jr. entrando en la sala y me alivió. «César», le dije, «si podéis, evitad raparme toda la cabeza». «No te preocupes. Si podemos, te raparemos únicamente una diadema de oreja a oreja, pero no te prometo nada.» «Gracias, César.»

¡Qué suerte tener a esos médicos a mi lado! Soy consciente de que he sido muy afortunada. Las enfermeras también eran agradables. Aunque es raro escuchar cómo alguien habla a tu alrededor de las cosas cotidianas de la vida cuando tú estas a punto de entrar en el quirófano a una operación importante.

Unos minutos más tarde entró mi anestesista. «Hola María», se presentó, tenía acento italiano. Buen comienzo pensé, seguro que le gusta la Fórmula 1, y así fue, de modo que entré en el quirófano con cierto entretenimiento preguntándole si era *tifossi* de la escudería del *Cavallino*.

Hacía frío, y más cuando me subieron a la mesa de operaciones. Me taparon con cuidado. Aquello empezaba. Recé mentalmente.

No puedo respirar

Desperté en la UCI molesta por el tubo que salía de mi boca y de mi nariz. No recordaba haberme despertado así en Inglaterra y me asusté un poco. ¿Había ido todo bien? ¿Por qué seguía con aquel tubo en la garganta?

Llegó el médico que dirigía la UCI, un médico joven, que ya conocía de mi anterior hospitalización. Me saludó con una sonrisa y me anunció que todo había ido bien.

Yo estaba muy agobiada, no podía hablar con aquello, pero lo peor es que me costaba respirar. Sentía que tenía flemas en la garganta y lo estaba pasando mal pensando que me atragantaría, que me ahogaría.

Intentaba tranquilizarme mentalmente. No te agobies, Meri, me decía para mí, respira con cuidado, no tosas, no te agobies que es peor. Yo les gemía para intentar que me quitasen el tubo, pero me dijeron: «Aún no te lo podemos quitar, debemos esperar un poco». Y salieron de la sala.

No me podía creer que me dejaran allí con eso, me molestaba mucho. A pesar de mis esfuerzos para concentrarme en tragar con cuidado no lo pude evitar y me puse a toser, las flemas se me atascaron y procedieron a quitarme el tubo rápidamente. Fue muy desagradable, el maldito plástico parecía interminable y me dejó heridas en los bordes de los agujeros de la nariz, pero ya estaba fuera. ¡¡Qué alivio!!

Ya sin el tubo pude comunicarme con las enfermeras y todo fue más fácil. Por lo que oía en las conversaciones de pasillo, en la UCI no harían huelga, menos mal, pero a todas horas se escuchaba el intercambio de opiniones por la situación. Me dolía la cabeza, pero no podía hacer otra cosa que aguantar.

M

Llegó la primera visita de mis padres y hermanos, también vino Rodri, aunque se tenían que turnar para verme. No podían entrar todos a la vez. El tiempo era muy limitado, así que esperaba a que me contasen cosas de fuera para poder ocupar mis horas hasta el día siguiente. Isabel me trajo un regalo increíble. Me habían hecho un libro con fotos de todos mis amigos y familia para dármelo en el hospital. Fue la pera: todos debían hacer una M de la forma más original que se les ocurriese y las fotos eran a cuál más peculiar. Me encantó, lo miré unas diez veces.

Rigoberta Menchú

Al día siguiente me dejaron el móvil por si quería escribirles en algún momento.

Las UCI son muy aburridas porque apenas puedes dormir del dolor y el jaleo y no tienes nada que hacer. Además, yo apenas podía incorporarme, solo miraba al techo. Aprovechando que tenía el aparato en mis manos hice lo que nadie quería que hiciera: me hice una foto. ¡¡¡Joder otra vez Rodri me ha visto en este estado!!! Me daba vergüenza hasta que me viera con esa pinta el más joven de los médicos.

Parecía Rigoberta Menchú, una mujer excelente, Premio Nobel de la Paz, pero con la cara tan redonda y la nariz tan chata que no parecía yo. Mi cabeza y mi ojo estaban vendados. Eso sí, una buena noticia: no me habían rapado todo el pelo.

En la UCI y casi transparente

Al día siguiente era la última carrera del Mundial de Fórmula 1. Mi accidente ocurrió antes del noveno Gran Premio de la temporada y se estaba celebrando el vigésimo, y allí estaba yo, en la UCI.

En mi habitación había una tele. Si había suerte podría verlo, aunque me dolía mucho la cabeza; tendría que ser sin sonido. Intentaron incorporarme un poco y me cogí un buen mareo aumentando mi malestar, así que decidieron ponerme una inyección para rebajarme el dolor, con la mala suerte de que no me sentó bien y me entraban ganas de vomitar. A mi pobre cabeza era lo último que le faltaba.

Tocó la hora de las visitas y se quedaron preocupados, creo que no estaba blanca, mi color era más bien transparente, y apenas quise hablar con ellos.

Poco a poco me fui encontrando un poquito mejor, así que pedí que me pusieran la tele. Aunque fuera, vería la salida de la carrera, no me sentía capaz de ver nada más en mi estado. Después de ver las primeras vueltas me fui emocionando. Vinieron a asearme y un celador me incorporó un poquito. Se quedó conmigo un rato comentando la estrategia. La carrera me estaba ayudando a evadirme de aquel sitio.

Paciente impaciente

Finalmente me trasladaron a planta y recuerdo el primer momentazo, cuando me limpiaron la cabeza con suero. ¡Qué gusto, después de quitarme aquella venda que me oprimía el cráneo!

Aún saboreando el regustillo de mi lavado de pelo, César me dijo: «Te voy a quitar un poco de líquido que tienes en la cicatriz». «Está bien», le contesté. De pronto una jeringuilla del tamaño de un freno de mano me atravesaba la parte más alta de mi cabeza. ¡¡Auch!! Vuelta al mundo real.

Mi vida parecía otra vez el cuento de la marmota. ¿Lo conocéis? Aquel en el que todos los días se repiten y parecen iguales. Bueno, no estoy siendo justa, todo este proceso fue muuuucho más fácil que el sufrido en Inglaterra, pero yo volvía a ser una paciente impaciente.

¡Se-ño-ri-taaaa!

En el hospital, más consciente de lo que había estado en Cambridge, me di cuenta de que no todos los enfermos están acompañados, y menos con el cariño y la atención que yo recibía de mis seres queridos.

Los gritos reclamando atención eran comunes, sobre todo los de una chica con Síndrome de Down que se había quemado en la ducha. La pobre no paraba de gritar «¡señoritaaaa!» intentando que las enfermeras acudiesen. Ellas le respondían: «Estamos ocupadas. Luego venimos». Pero ella seguía insistiendo: «¡SE-ÑO-RI-TAAAAA!», y lo seguía diciendo hasta darse por vencida. Lo que al principio me resultaba como un martillazo en mi cabeza luego me hizo hasta gracia porque evolucionó en hablar en voz alta con el resto de las habitaciones. Y por las noches nos gritaba: «¡Buenas noches a todos!».

Parecía que estábamos de campamento en vez de en un hospital.

Pasé unos días más en planta hasta que mis mareos mejoraron y me dieron el alta. Las operaciones habían sido un éxito.

La próxima cita la marcaría la retirada de los puntos, tanto de la cabeza (que parecía una cremallera macabra en forma de diadema) como del ojo. También me harían varias pruebas para ver el estado de mi cráneo y cerebro, y una muy importante: ver si tenía esquirlas metálicas en el mismo, ya que los médicos de Cambridge me habían prohibido este tipo de resonancia de por vida.

Mis primeras Navidades después del accidente

Otra vez en casa. Por fin. Esta operación se había hecho en el mejor momento, porque ahora tenía un tiempo de recuperación con las Navidades y además podría pasarlo en Santander. Pero esta vez en la casa que Rodri y yo habíamos alquilado tras aquel «¿y por qué no lo hacemos?». No era El Solievo, pero estaba en la ciudad y enfrente de la playa con todo a mano al no poder aún conducir.

Antes de subir al norte pasamos los días 24 y 25 en familia. Fueron las primeras Navidades que Rodri pasaba con todos, aunque ya les conocía bien de la convivencia de *Gran Hermano* en Inglaterra y le habían cogido cariño. La noche del 24 la familia pasó otro momento duro pero feliz. Hay una tradición que dejó mi abuelo en Nochebuena y es que a las doce de la noche, mientras cantamos villancicos, el más pequeño de la familia pone al niño Jesús en el Belén y entonces todos nos damos un beso para felicitarnos la Navidad.

Aquel beso se convirtió en llanto y de ahí en abrazo. Y todos nos agrupamos en uno.

Cuando pasas momentos en los que piensas que podrías no estar, una simple mirada de alguilen que siente, aunque no lo dice, lo mismo que tú se puede convertir en el llanto más repentino. A nosotros aún nos sigue ocurriendo. Aunque han pasado meses, esta sensación sigue presente.

Subimos a la tierruca y al llegar al Sardinero, Rodri y yo repetimos nuestro plan favorito. Por la mañana paseo al faro de Cabo Mayor andando. Antes lo hacíamos corriendo, pero tras el accidente tardé mucho en poder llegar a paso de tortuga. Luego una buena comida de aquí, sana pero abundante, y rematábamos con un helado de chocolate, como no podía ser de otra manera, mientras Morgan perseguía a los pájaros.

«Planazo», decíamos cuando cumplíamos con la siesta obligada por los médicos. Y después de una ducha nos reuníamos en casa, con todos los que allí pasaban las vacaciones: tíos, primos…

La San Silvestre

La noche del 31 siempre me gustó correr la San Silvestre. En Madrid la hice dos veces y aquí, en Santander, la corrí en 2010. Siempre me ha transmitido un buen rollo increíble ver a la gente correr.

Este año no podría hacerlo, pero aunque fuera andaría durante los 3 km de la primera vuelta del recorrido. En casa no me creían, sabían que haría el esfuerzo de trotarla, así que dijeron: «¡Pues la andamos contigo!». ¡Vaya, me habían pillado!

Fui a comprar los dorsales y yo di mi nombre en el último lugar. Cuando vi el número que me había tocado me alegré: 2013.

Estaba claro, ese que empezaba sería mi año.

Me junté con mi amigo Zalo de Santander en el mogollón de la salida. Pero rápidamente mi familia me retiró para atrás. Recordaban las indicaciones de los médicos: «Que María no esté en aglomeraciones de gente. Un codazo en la cabeza en este momento puede tener consecuencias graves».

Nos pusimos los últimos: mi hermana Isa, con mucho mérito porque no andaba ni corría desde la última excursión del colegio en el 92; mi primo Miguel Ángel, artista que tampoco anda si no es recorriendo una galería; mi padre Emilio, que es más de correr, y yo, porque a Rodri le dije: «Corre por mí anda, que aquí te vas a desesperar». Rodri solo anda cuando le engaño para un paseo de enamorados; si no, o corre, o escala, o nada o esquía.

Situados atrás del pelotón, todos decían: «Lo que hacemos por Meri». Hacía un viento que te congelaba los músculos que yo no tenía. Entonces escuché que me llamaban por megafonía, como cuando hacías algo malo en el colegio. Vaya, me habían descubierto, sabían que estaba allí y me buscaban para hacerme alguna pregunta. Si mi médico se enteraba... Menudo corte, me verían allí andando en una carrera. Después de lo que yo había entrenado y corrido y allí estaría, arrastrándome.

Ya no me pareció tan buena idea haber ido. Entonces miré a mi hermana Isabel, que es quien corta el bacalao, y le dije: «Anda, hermanita, deja que solo corramos por la salida, que tengo mi orgullo». A Isa, tan responsable como yo irresponsable, esa pregunta le enfurecía. Allí estaba ella andando por mí y... «Está bien», contestó, «pero solo en la salida. Luego te paras y no te acerques a nadie».

Dieron el pistoletazo y yo me puse a correr con mi melón echando fuegos artificiales y mi pierna derecha ardiendo. A mi alrededor, mi padre, mi hermana y mi primo haciéndome de guardaespaldas. Parecía el presidente de Estados Unidos por Central Park. Mi madre y mi tía Techi se hacían fuertes entre los espectadores y familiares para vernos pasar por la salida y comenzamos la carrera.

Como él

El pelotón del presidente poco a poco se fue dispersando. Y me quedé con el que me ha hecho como él, mi padre, que sin tampoco haber corrido desde hacía mucho me acompañaba, o yo a él, trotando ridículamente para no andar. ¡Vuelta cumplida! No sé cómo pude conseguirlo en mi estado. Pero lo logré. Todos felices.

Agotados pero contentos nos fuimos a tomar las uvas.

Sí, me doy cuenta de que soy su hija. Tan terca, tan cabezota, tan perseverante como él. Puede que duela, que no sea lo adecuado, pero si es lo que queremos hacer no dejaremos de intentarlo. Si es correr, entonces correremos, sin parar, sin excusas. No es para demostrar nada a nadie, es para ganarte a ti misma. Es para demostrarte que puedes ir más lejos. Es para no ponerte un límite, y si en algún momento te lo pones, es solo para que al conseguirlo te comprometas con otro más.

No sé por qué soy así, solo sé que en esto he salido a él. Y me encanta.

Me ha hecho fuerte.

Y ahora qué

Después de Navidades era mi fecha autoimpuesta para empezar a darme vidilla.

Quería hacer cosas, sentirme útil, pero además necesitaba trabajar.

Tras el accidente me correspondía una invalidez total, pero mis secuelas me habían dejado sin mi identidad y sin mi trabajo y tenía que pensar en qué es lo que haría con mi vida.

Mi tío Rafa, que es mi padrino de confirmación y me conoce bien, me seguía insistiendo sobre esta pregunta: «¿Y ahora qué?». Él y mi tía Lucía muchas veces me ayudan a hablar en voz alta y a ordenar mis ideas.

Quedamos a cenar en su casa. Esa noche dio para mucho.

Mi tío me iba poniendo los temas encima de la mesa como si no se diera cuenta y yo entraba al trapo diciendo mucho más de lo que pensaba que tenía en mente.

Hablamos de la Fórmula 1 y de mis posibles limitaciones como piloto sin un ojo.

Hablamos de la FIA y de mi intención de colaborar con Michèle Mouton en la Comisión de la Mujer, así como en proyectos de seguridad vial.

También hablamos de una idea que me sigue rondando la cabeza de vez en cuando, que es la de crear mi propia Fundación.

Y, como no podía ser de otra manera, ya que mi tío Rafa es escritor, hablamos de escribir un libro, aunque en aquellos días me acuerdo de que el título nos lo imaginábamos algo así como *Tú puedes* o *Consigue tu sueño*.

Rematamos aquella cena brindando sin alcohol por mi cabeza, sobre el futuro de Rodri y mío, que soñaba con Santander y con niños viviendo una vida completa, sencilla.

¿Y los coches?

Antes de terminar esta página, los más *tifossi* me preguntaréis: «¿Y los coches? ¿Vas a competir?» Y si soy sincera conmigo misma os tengo que decir que todavía no lo sé. Me he centrado tanto en recuperarme, en sentirme bien y que se sientan bien los que han sufrido conmigo que abordar mis coches es algo que tengo pendiente todavía.

A lo mejor es mi propia excusa para no afrontar la realidad. Puede ser. Si me dijesen que no puedo pilotar con un ojo, les diría que yo creo que sí. Tendría que entrenarme mucho. Sobre todo en calcular referencias de frenada y aproximación, pero no sé si ese capítulo de mi vida ya está terminado.

Creo que perdí un ojo por algo. Es como una señal. Creo que soy mejor persona que antes hacia los demás. Y creo, o, mejor dicho, sé que me volveré a subir a un coche de carreras, pero, por el momento, sé que me subiré para mí. Para revivir sensaciones increíbles, imborrables en mi memoria a pesar del golpe.

Carné de conducir tu vida

Poder conducir un Fórmula desde los 14 años, sacarte el carné con 16 y vivir toda la vida detrás de un volante es razón suficiente para morirte por dar una vuelta en coche aunque sea a comprar el pan. Además, una de las cosas que peor llevaba de mi accidente es la falta de independencia que sentía desde entonces.

Todos saben lo que estás haciendo en cada momento, no puedes salir de casa sin decir adónde vas y pierdes aquella libertad que descubres cuando por primera vez con tu carné de conducir te pones al volante sola en la carretera.

Para más inri, yo me he sentido siempre yo pilotando, me he sentido identificada con lo que hacía. Después de este traspié todavía buscaba más reencontrarme con los mandos.

Pasados nueve meses del accidente fui al RACE a tramitar mi carné de conducir. Pasaron nueve porque me pidieron los médicos que esperara seis por el cambio a visión monocular y otros tres por los ataques epilépticos. En fin, había llegado mi momento y me dirigí con todo mi historial médico (que parecía el libro gordo de Petete) a hacerme el test psicotécnico.

Entré con cierta vergüenza en el centro. Espero que no haya nadie. Me cogieron el carné de conducir que tenía, en el que aparecía mi foto con dos ojos y lo cortaron. Vaya, pensaba, ahí estaba más favorecida. Ya no podría hacer lo que hacía mi madre, entregar una foto de carné diez años más joven. Me pidieron que entrase a una sala donde me harían un reconocimiento médico y de visión. Todo parecía ir bien, aunque yo no paraba de preguntar, por si acaso.

¡Necesitaba ese carné ya! Más que mi DNI. Más que mi pasaporte. Más que nada. Lo amaba. Fue entonces cuando me pidieron mi historial médico. «Ya la hemos liado», pensé. Puse encima de la mesa el maletín con toda mi historia y entonces pensé que me diría: «Vuelve en tres meses». Pero no, la señorita me hizo varias preguntas médicas y luego me pidió los informes concretos sobre mi estado cerebral. Aquí están, me los sabía de memoria. Los revisó e hizo fotocopias. Parecía que pasaba de pantalla de un juego infernal para mí.

Les seguí a la siguiente sala y allí estaba. Todos sabéis lo que allí me esperaba, la maquinita pita que pita que hay que pasar para poder darte el carné. Me puse a los mandos y ni en mi peor carrera recuerdo estar tan nerviosa. Con un ojo lo haría bien, ¿no? Se puso en marcha y después de una prueba empecé la de verdad. Pííí, vaya, otro giro, bien, otro, bien, pííí, maldita sea. Terminó la prueba y no sabía qué decir. «Bien», me dijo la señorita, «sal fuera que te daremos tu carné provisional».

Como a quien le ha tocado la lotería salí del centro y Rodri me llevó a casa. Ya tenía el carné. Ya no me tenía que llevar.

Ya volvía a empezar a ser yo.

Le di tanta importancia al hecho de tener el papelito que llegué a casa y me subí a mi Mini como si tal cosa. Como si fuera un día más al volante. Torcí la esquina y me subió una sensación desde el estómago. Me acaloré, pero a la vez mis movimientos se congelaron. ¡Estaba conduciendo!

Reduje la velocidad hasta casi quedarme parada en la calle. Una lágrima me asomó por el rabillo del ojo. La aguanté. Metí primera e intenté no darle más importancia.

Te espera tu sonrisa a la vuelta de la esquina

Cuando me he encontrado con momentos de este tipo, o más bien momentos duros, me he dado cuenta de que siempre procedo igual, intentando no darles protagonismo, aunque para mí en ese instante lo tengan y parezca que mi mundo se va a desmoronar.

Pero, al seguir mi camino, esos problemas se hacen más pequeños: esa María en aquel espejo, esa María con cicatrices, esa María con diagnóstico grave.

No creo en la frase «Lo que no te mata te hace más fuerte».

Tú te haces más fuerte cuando no te centras en lo que te mata.

Pero es complicado, porque todo aquello tiene tanta importancia para ti que es muy difícil apartar la mirada.

Os recomiendo que lo probéis. No se trata de no ocuparnos de las cosas que debemos hacer o de mirar para otro sitio con nuestros problemas.

Solo se trata de no llorar por ti, porque te espera tu sonrisa a la vuelta de la esquina.

Los únicos momentos por los que siento rabia, impotencia después de mi accidente, son aquellos por lo que no puedo hacer nada.

La vida es un regalo

Aún no he podido cerrar un capítulo en mi vida, empezar de cero, olvidarme de los que mi mano no cogieron. Pero con lo que no puedo, me supera y entristece tanto… es con niños como Rubén, niños que viven una vida tan injusta que me hacen sentir rabia por vivir aquí, en este mundo. Y me entran tantas ganas de llorar que no pararía. Pero luego, cuando lo pienso, me doy cuenta de que aún tengo mucho que darles. Mucho que transmitirles.

He tenido la suerte de vivir otra vez, de tener una segunda oportunidad. Y sé que mi sonrisa es lo mejor de mí que ellos se pueden llevar. Transmitirles, como siento, que he sido muy afortunada de estar aquí, de vivirles, aunque solo hubiera sido por un ratito, porque la vida, a pesar de todo... La vida es un regalo.

Epílogo

Ya han pasado once meses, pero tengo la sensación de que llevo este parche en mi cara desde hace años. Rodrigo dice que ya no se imagina mi cara de antes y que he perdido el pudor de sacarlo a la calle. También mi familia y amigos que, ante curiosas miradas, me sugerían con cautela que me pusiera gafas de sol, a lo que yo respondía: «No, aún tengo mucho que expresar con este otro ojo, aunque pase vergüenza».

8 de junio de 2013

Hoy es un día muy importante.

Se casa mi hermano Emilio con Elda (un bellezón que ha brillado más cuando había menos luz) tras haber pospuesto su boda hace un año por el accidente.

Han insistido en que haga yo las peticiones.

Estoy a su izquierda y les veo en el altar. Mi madre está a mi derecha y tengo que girarme para verla, pero cada vez que cruzo la mirada con mi padre, no podemos evitar sobrecogernos y aguantar las lágrimas sin éxito.

¡Dios mío, estoy aquí!

Cuánto me hubiese perdido. Cuánto hubiese dejado por hacer.

Subo al altar y hago cuatro peticiones. Llego a la última con un nudo en la garganta. Les miro, respiro y me dirijo a todos:

> Por los que estamos aquí, para que transmitamos cada día, con alegría, el regalo que es vivir.

Salgo de la iglesia aún en estado de shock por la emoción.

La fiesta después de la ceremonia fue una explosión de alegría para la familia Villota Comba, de liberación, de sentimiento. Es como si la pena acumulada por mis padres saliera despedida como unos fuegos artificiales.

Mi padre bailaba sin parar, que es bastante normal, pero mi madre, mi madre tan recatada y coqueta, mi madre –la del peine– parecía que estaba en un concierto de heavy metal. Pegaba tantos saltos que parecía una chica de 15 años gritando al grupo de música sus canciones. Era toda ella una carcajada.

Estaba relajada, espléndida, pletórica.

21 de junio de 2013, Santander

Hemos llegado de viaje y Rodri se va a ir a trabajar en bici, tiene que dar un entrenamiento en el Centro de Vela de Alto

Rendimiento. «¿Me pongo esta camiseta o esta otra?», me pregunta. «La azul», le respondo. Qué raro está hoy, ¡¿me pregunta qué se pone para ir en bici?!

Cuando regresa empieza a picarme, está activo y yo tranqui, como cuando llegas de viaje, adormecida. Me dice: «¡Anímate y vamos a correr hasta el faro!». Hay tres kilómetros de ida y mucha cuesta para mí todavía, aunque he logrado hacerlo con Irene trotando, pero nosotras vamos despacito. Me sigue picando: «¿Qué somos, eh? ¿Deportistas o no?». «Maldita sea, voy a subir ese faro», refunfuño. Entonces mira por la ventana y está lloviendo. «Vaya, vas a tener suerte», me dice, «está lloviendo». Me giro y replico: «¿Qué somos, deportistas o nenas?». Jajaja, ¡toma esa!

Rodri pone su cronómetro en marcha cuando empezamos a trotar por la playa del Sardinero. Yo siempre lo llevaba; ahora, hasta que no refleje tiempos más decentes, prefiero no hacerlo. Morgan va por delante con un palo en la boca como de costumbre. Miro a Rodri y le abrazo como puedo sin parar de correr. Algo me golpea en el brazo: «¿Qué llevas ahí?». «¡Anda, la cámara de la bici!», me dice, «se me ha pasado dejarla en casa». Sonrío y pienso: «Este es mi Rodri, tan despistado, menudos dos nos hemos ido a juntar».

«¿Cómo vas?» «Bueeeno...», respondo, casi nunca digo que mal. Trato de no hablar para controlar bien mi respiración y me concentro en economizar el movimiento de mi cuerpo al correr. Él, sin embargo, no para de hablar.

El faro ya está cerca. Antes del accidente solíamos hacer este recorrido mucho. Subíamos, nos besábamos como premio al esfuerzo y seguíamos corriendo. Faltaba el último repecho. ¡Vamos, Meri, vamos!

¡Qué cansancio! Ya no llueve, pero estoy totalmente calada con mi sudor. Tengo los pelos de punta por el viento y la cara roja como un tomate de la congestión; al menos la cabeza no me duele mucho.

Rodri me da mi beso de recompensa, que me ha costado lo mío, y dice: «Mira qué atardecer». Le doy la espalda para ver el espectáculo. No hay sol, pero la luz del Cantábrico en plata es preciosa.

Cuando me giro para compartirla con él no le veo. Bajo la mirada y está con una rodilla en las rocas y una cajita abierta entre sus manos.

«¿Quieres ser mi mujer?», susurra. Me quedo sin palabras y rompo a llorar.

Por mi cabeza pasan los momentos tan duros y tan bonitos que hemos compartido, este año tan intenso que ha cambiado nuestra forma de vivir la vida.

No me podía creer que estuviese pasando. «¿Quién me va a querer a mí?», pensaba hacía solamente unos meses.

Él seguía sosteniendo el anillo y su pulso temblaba. Mi llanto se hizo más agudo todavía. No recuerdo haber llorado nunca así. Quizá de pequeña. «¿Eso es un sí?», me dice el pobre con la pierna dolorida y todavía clavada en las rocas.

«¡Sí!», contesté feliz, moviendo la cabeza mientras mis manos acarician su cara, sellando mi respuesta con un beso.

3 de julio de 2013

Quiero celebrar mi primer cumpleaños, hacer una fiesta. Esa que quería celebrar desde el momento en que reviví, pero el día 3 seguía siendo un recuerdo muy duro para todos. No quiero hacer nada ese día salvo…

«¿Javi, te parece si celebro mi cumpleaños con los niños de mi edad de la Fundación?» «Me parece una idea genial, María. Aviso a los padres.» «Muy bien, yo me ocupo del guiñol.»

Llegué a mi fiesta a las seis de la tarde. Ese día yo venía de Bilbao y fui con mis padres, Rodri y mi hermana al Jardín del centro.

Los niños llegaron a la fiesta sin entender muy bien por qué cumplía 1 año si era tan grande. Así me lo dijo Samuel: «No lo entiendo». Mencía y Álvaro se desenvolvían con su silla de ruedas con una naturalidad increíble e iban a presentarse a otros niños tras la orden de su madre, una mujer vital y alegre que ha trasladado a sus hijos esta impronta. Bruno, un peque con la mirada más intensa que yo he visto en mi vida, se hacía el remolón al disimular que no sabía mi nombre, y más peques… como Mireia, Rubén, Samuel, Irene y Héctor.

Se me hizo duro arrancar en el cumpleaños. Con ellos es cuando más siento la impotencia de no poder cambiar las cosas, pero una vez empezamos a jugar, la frustración se transformó en sosiego.

No podría haber celebrado el 3 de julio de mejor manera.

A ti, lector

Si me hubiesen dado este libro hace un año, querido lector, no me lo hubiera creído. Pero menos se lo hubieran creído aquellos que firmaron mi parte de defunción, aquellos que mintieron confiando en mis daños cerebrales, aquellos que no llamaron por vergüenza o cobardía.

Pero no he escrito de puño y corazón este libro para reivindicar mi vida, sino la vuestra.

Si yo no estuviera aquí y la muerte me hubiera ganado esta carrera con bandera negra y no de cuadros, no hubiera podido transmitiros con todo el alma este mensaje de alegría.

¡Parad! Parad en seco como si un accidente ocurriera en vuestra vida.

Sí, nuestra vida no es nuestra. Es un trozo de tiempo infinito si lo compartes con quien amas, con quien te necesita. Y el mismo trozo de tiempo mezquino si no aprecias esto y cuanto te rodea.

¡Sonríe, por Dios! O por quien tú quieras, pero sonríe, porque hoy estás aquí y te queda mucho por vivir en este día.

Y decide.

Decide si quieres solo llegar o pasear este increíble camino.

Carta a mi hija María

Hola María:

Hace muchos años decidiste ser piloto de carreras a pesar de que todo mi deseo es que llevaras tu dedicación a cualquier otro deporte, a ser posible olímpico, y desde luego lejos del mundo del motor.

No había más razones para mi deseo que apartarte del riesgo, que es de por sí solo razón suficiente para descartarlo, sino además la dependencia de muchas variables ajenas a uno mismo para su práctica. Me refiero a aspectos como la complejidad mecánica, electrónica, ingenieros, la enorme importancia del patrocinio para llevar a cabo los programas, los circuitos, etc, etc.

Muchas veces sentía envidia de deportes como el atletismo, la natación, el tenis, etc... para cuya práctica todo lo necesario eran unas zapatillas, traje de baño o raqueta...

Cuando te hice este comentario, a propósito de la gran dependencia de terceros en el deporte del motor, te dije a continuación que estaba convencido de que triunfarías en cualquier deporte que eligieras porque el secreto eras tú y no el automovilismo.

Tu respuesta fue contundente: «Precisamente esa dificultad de alinear todos esos aspectos, aparte de la actividad deportiva en sí, es la que me atrae y significa un verdadero desafío para mí».

Ante tal claridad y contundente respuesta solo quedaba que fuese el propio deporte quien fuese haciendo su selección implacable. Si a esto añadimos la dificultad de medirte permanentemente con hombres, no solo en habilidad sino también en capacidad física, el reto hacía presagiar una misión imposible.

Abandonaste tus estudios de empresariales y empezaste la carrera de Ciencias del Deporte con el objetivo de que tu físico no fuera un handicap en el futuro, y centraste tu vida alrededor de un único objetivo, ser piloto de Fórmula 1.

La frase que refleja de manera más clara tu vida y tu reto está expresada en esa frase anónima que bien conoces: «Lo logró porque no sabía que era imposible».

Cada final de temporada era el preludio de una despedida de la actividad, independientemente de los resultados deportivos obtenidos y sobre todo por inanición económica.

El siguiente año suponía siempre un escalón insalvable pero, por alguna razón in extremis y en condiciones límites, eras capaz de salir adelante ante la perplejidad de todos los que te rodeábamos y, un año más, demostrabas que daban igual las barreras y obstáculos que se alzaban delante de ti.

Durante quince años has estado uno a uno en los cursos de nuestra Escuela de Pilotos y en los últimos cinco dirigiendo su organización y formación de los jóvenes que compartían tu sueño. Daniel Juncadella, Carlos Sainz Jr., por decir solo los más conocidos y recientes, entre muchos otros.

Las reducidas horas de entrenamiento en tus coches de competición por falta de presupuesto, las has tratado de suplir durante todos estos años con observación y reflexión de las técnicas de conducción desde los arcenes de las curvas al paso de tus alumnos. Me atrevería a decir que pocos pilotos de la actual Fórmula 1 habrán dedicado tantas horas a pie de pista buscando prestaciones y perfección.

En el ocaso de tu vida deportiva, dictada por aquella rampa sin sentido en zona imposible, déjame decirte que ha nacido una María renovada cuya estela iluminará aún con más fuerza tu pasión por este deporte, y sobre todo a muchas vidas truncadas que conseguirán nuevos logros, porque no sabían que eran imposibles.

Te quiero,
Emilio de Villota

Agradecimientos

GRACIAS

A **mi madre.** La más dulce y generosa. Te recompensaré aquel susto con amor.

A mi ángel de la guarda, **Isa,** por velar siempre por tu hermana pequeña y no dejarme ir. Deseo ser yo quien te lea a ti en el futuro.

A **Rodrigo,** mi vida y mi esperanza tras un desesperanzador momento en nuestro largo paseo.

A mi hermano **Emi,** por ser tan noble, tan paciente, tan piloto. Lo mejor del hospital fue volver a coger tu mano.

A **Elda,** por tu comprensión y alegría.

A mi **padre**, mi referencia, por tu carisma y actitud ante la vida.

A toda mi **familia Villota y Comba,** por los valores que hemos heredado de los abuelos. Lo que he vivido y escrito no habría sido posible sin la alegría de los Comba y la educación en el esfuerzo de los Villota.

A **las Comba,** porque vuestra sonrisa y picardía hizo que se escucharan carcajadas una vez en un hospital de Cambridge.

A mi **tío Rafa**, porque este libro nace y vive de nuestras increíbles conversaciones en las que descubro que hablándote me escucho más.

A **Arancha,** mi amiga y mánager. Por ser mi compañera incansable y conquistar juntas las batallas de lo imposible. Un NO será para nosotras siempre un YA VEREMOS. Qué privilegio tenerte a mi lado.

A **Irene,** mi amiga del alma y a **Antonio.** Qué suerte viviros desde hace tanto.

A todos mis amigos, en especial a **Carmen, Paloma, Candela, José María, Diego, Marta, Toni, Pilar, Zalo, Naná, Marta, Santi.** Por vuestra compañía, vuestros momentos, vuestras risas, vuestro cariño. Me habéis hecho reencontrarme con la mejor parte de mí.

A los médicos **Hutchinson, Amato, Hart, Patel, Price, Whitaker.** Por salvar mi vida. Y a **Christine Harkin,** por sus cuidados y atención.

A los **doctores Casado,** padre e hijo, al doctor **Carceller** y al **doctor Romero.** Porque en vuestras manos no temí nada. Os admiro profundamente. **César Jr.,** gracias por estar ahí en todo momento. Eres un crack.

A los que me cuidasteis en el hospital de Addenbrooke y en el hospital de La Paz.

A **Fátima y Javier,** y el fruto de vuestro amor, **Javi,** quien ilumina tantas vidas en la **Fundación Ana Carolina Díez Mahou.**

A **Mario Alonso,** por responder instantáneamente a la llamada de una amiga que te necesitaba. Porque escucharte fue para mí un gran consuelo.

A toda la familia **Sánchez Pérez y la revista ¡HOLA!** Porque de ellos siempre aprendo y me han demostrado que los tuyos siempre están a tu lado. **A Juan Matji y todo su equipo de IFC**, por creer en mis sueños y estar tan cerca en mi desvelo. A **Elena, Ysabel** y todo el equipo de **Rastreator**, por nuestro contagio de entusiasmo y vitalidad ante los retos. A **San Miguel 0,0**, por no dejar de mirar por mí cuando la vida miraba para otro lado.

A **Manuel Terroba y a Mini**, por brindarme la oportunidad de volver a pilotar un coche fantástico. A **Santiago Gayarre y Fernando Garrido**, por apostar por los hermanos Villota y los jóvenes del automovilismo español.

A **Emelina Rubira**, por guiarme en mi manuscrito y compartir juntas esta increíble aventura: *La vida es un regalo*. A **Plataforma Editorial**, a **Jordi y a Míriam**, por darme la oportunidad de escribir mi revivir.

A **Carlos Gracia, Paloma** y a toda la **Federación Española de Automovilismo**. Por estar más cerca cuando todo se complica y no al revés.

A **Fabiana y a Bernie Ecclestone** por vuestro apoyo y cariño.

A **Michèlle Mouton**, por estar tan cerca de mí en los momentos más duros como amiga y como presidenta de la **Women in Motorsport Commission de la FIA.**

A **Carlos Sainz**, por hacer la pole en la parrilla de los amigos que me mostrasteis vuestra ayuda.

A **Pedro Martínez de la Rosa**, porque ser un gran piloto es un adjetivo que se te queda muy pequeño como persona. Siempre has estado ahí, gracias otra vez.

A **Fernando Alonso,** por tu ayuda e inspiración, eres lo que siempre quise ser, el mejor.

A **Marc Gené y a Jaime Alguersuari,** por acudir rápidamente allí. Toda mi familia sintió y agradeció vuestro cariño.

A **Susie Wolf,** por pilotar por las dos y luchar conmigo por lo que un día sin duda llegará.

Al **paddock de la F1,** por el ánimo y respeto que me habéis brindado.

A **Juan José Padilla,** porque la palabra valentía se queda pequeña cuando acompaña tu nombre, pero es aún más sorprendente la naturalidad con la que la manejas en tu vida. Desearía saber torearla como tú.

A **Antonio Lobato, Julio, y todo su equipo de A3.** Por contar conmigo en una causa tan importante como la seguridad vial.

A toda la **prensa** y en especial a la **española.** Por haber informado sobre mi evolución desde el respeto y el cariño en momentos tan difíciles para nosotros.

A todos los que habéis rezado por mí, mandado vuestra fuerza y vuestro cariño. Porque me llegó, lo sentí y me ayudó.

Para el autor, especialista en Bolsa y ultrafondista,
el límite está donde cada uno quiera ponérselo.